Gabriele Amorth / Mario Tossatti

# Memoiren eines Exorzisten

GABRIELE AMORTH
im Gespräch mit MARCO TOSATTI

# Memoiren eines Exorzisten

*Mein Kampf gegen Satan*

CHRISTIANA-VERLAG
im Fe-Medienverlag • Kisslegg-Immenried

*Don Gabriele Amorth wurde 1925 in Modena geboren. Er engagierte sich in der «Azione Cattolica» (Katholische Aktion). Als Hauptmann nahm er am Zweiten Weltkrieg teil und wurde mit der Tapferkeitsmedaille ausgezeichnet. Nach dem Krieg wirkte er zur Zeit von De Gasperi am Aufbau der Christlich-Demokratischen Partei (Democrazia Cristiana) mit, in der er eine leitende Funktion innehatte. 1947 promovierte er zum Doktor der Rechtswissenschaft und trat dann in die Gesellschaft des Hl. Paulus (Pia Società San Paolo) ein, in der er im Jahre 1954 zum Priester geweiht wurde. Er arbeitete als Journalist und wurde Herausgeber der marianischen Monatszeitschrift «Madre di Dio». Er hat mehrerere Bücher über die Mutter Gottes verfasst und war Mitglied der Internationalen Päpstlichen Marianischen Akademie. Im Jahr 1986 wurde er zum Exorzisten der Diözese Rom ernannt. In dieser Funktion wurde ihm bald klar, dass das Thema Exorzismus von der Kirche vernachlässigt worden war und dass ein Mangel an ausgebildeten Exorzisten herrschte. Neben zahlreichen Artikeln und Interviews in Zeitungen, am Radio und Fernsehen hat er darüber hinaus drei Bücher geschrieben, die großen Erfolg haben. Seitdem gibt es in Italien mehr als dreihundert Exorzisten, während es früher nur deren zwanzig gab. Auch begann er, nationale und internationale Tagungen von Exorzisten zu veranstalten. Von 1994 bis 2000 war er Präsident der Internationalen Vereinigung der Exorzisten. Er starb 2016 in Rom.*

*Titel der italienischen Originalausgabe: MEMORIE DI UN ESORCISTA; Edizioni Piemme, Milano. Aus dem Italienischen übertragen von Prof. Dr. Carl Franz Müller, CH-9000 St. Gallen.*

*Bildlegenden:*
*Erste Umschlagseite: dpa*

10. Auflage 2026

VIA VERITAS VITA


im Fe-Medienverlag, Hauptstr. 22, D-88353 Kisslegg-Immenried
*www.fe-medien.de*



Satz und Layout: CHRISTIANA-VERLAG
Druck: mcpdruk – Printed in EU

ISBN 978-3-7171-1227-3

# Inhaltsverzeichnis

# Präsentation eines sonderbaren Menschen und eines sonderbaren Buches

Es ist kalt im Erdgeschoss eines großen Gebäudekomplexes, einer eigentlichen, von einer Basilika mit einer imposanten Kuppel überragten Hochburg (Zitadelle), wo das Hauptquartier der Società San Paolo in Rom untergebracht ist. Ein elektrischer Ofen nimmt den verzweifelten Kampf auf gegen den Zugwind, der von der Tür her eindringt. Ein älterer, leicht gebückter Herr mit einer Mappe in der Hand tritt ein und sagt: «Den Mantel behalte ich an.»

Es ist ein kahler Raum. In der Mitte ein kleiner, einfacher Holztisch, einige Stühle aus den sechziger Jahren, ein kastanienbrauner Lehnstuhl, wie er vor dreißig Jahren Mode war, die Armlehnen aus Holz, die Rückenlehne leicht geneigt, der Überzug aus kastanienbraunem Stoff, sind zusammen mit einem gemieteten riesigen Kühlschrank, der in der Ecke summt, die hauptsächlichsten Möbelstücke. Der Lehnstuhl ist das Möbelstück, auf dem die seltsamen Patienten von Don Gabriele Platz nehmen. Seltsame, weil sie an Krankheiten leiden, die zu identifzieren, zu verstehen oder gar zu heilen niemandem gelingt. Weder der Medizin, die hier überfordert ist und sich geschlagen gibt, noch jenen, die mit dieser Materie vertraut sein müssten – oder mindestens die Eignung, den Willen, die Pflicht haben sollten, eine Tür zum übernatürlichen, übermateriellen Bereich offen zu halten, jedoch ... Doch hier wären wir bereits beim Hauptthema des Buches. Stattdessen möchte ich noch von Don Gabriele und dem Umfeld sprechen, in welchem er den größten Teil seiner Zeit verbringt, nämlich in einem nicht nur metaphorisch verstandenen Nahkampf – Mann gegen Mann – mit einem uneinnehmbaren Gegner. Ich möchte von diesem vierundachtzigjährigen Mann sprechen, der vor nunmehr siebenundzwanzig Jahren im Jahre 1986 sein Leben radikal veränderte und zu einem Abenteuer aufbrach, das ihn noch heute begeistert.

An der Wand hängen einige wenige Bilder. Eine große fotografische Aufnahme von Giacomo Alberione, dem Gründer der Società di San Paolo. Dann ein weiteres Foto, das einen Priester mit blonden Haaren und mit überaus ausdrucksvollen Augen unter der weiten Stirn zeigt; auf seinem schwarzen Talar ist ein großes weißes Herz aufgesteckt, die sinnbildliche Devise der Passionisten. Es ist Pater Candido Amantini, der während vierzig Jahren Exorzist an der Scala Santa in Rom und Mentor von Pater Gabriele Amorth war. Eine große, mehr als ein Meter hohe Statue der Madonna von Fatima thront an der Wand, flankiert vom Bild eines sehr sanften Erzengels Michael, wahrscheinlich von barocker Ausführung. Über dem Lehnstuhl lächelt das Gesicht von Don Bosco und ganz in der Nähe ein Bild von Pater Pio – ein Pater Pio mittleren Alters. Diese beiden Heiligen waren mit dem unerwünschten Gast im Arbeitszimmer von Don Gabriele – nämlich dem Teufel – mehr als vertraut. Dem Heiligen von Pietrelcina hatte der Teufel bekanntlich besondere Aufmerksamkeit geschenkt, indem er ihn ein Leben lang mit Schikanen quälte.

Don Gabriele hat stets ein Lächeln auf den Lippen; er macht den Anschein einer Spielernatur, der stets einige Scherze in seine Reden einfließen lässt. Er besitzt kein Handy, weiß nicht, was Internet ist, er sieht nie fern noch liest er Zeitungen. «Mich informieren meine Ordensbrüder beim Mittagessen über die Geschehnisse in der Welt.» Und über viele andere Dinge, unerfreuliche, informieren ihn seine Patienten.

Der Eindruck, in eine andere Welt einzutreten, in eine Dimension, die nicht die übliche ist, ist stark. Und dieser

Eindruck wird immer stärker, während der alte Priester den Faden seiner Erinnerungen entrollt und seine Besucher beschreibt: Menschen, die noch vor wenigen Sekunden den Eindruck des lächelnden, redseligen und freundlichen Gastes machten, verwandeln sich plötzlich, fallen in einen Trancezustand und werden zu schreienden Wesen, deren Mund Geifer und Flüche ausspeit. Sie sind auf einmal wie ausgestattet mit einer ungewöhnlichen Kraft, so dass es nicht einmal sechs oder sieben Personen gelingt, sie festzuhalten. Oft muss man sie auf einer Liege festschnallen, um zu verhindern, dass sie sich selbst und anderen etwas zu Leide tun. Sobald der Exorzismus beendet und der Trancezustand aufgehoben ist, werden sie wieder ganz normal und ruhig. Die Wahrnehmung dieser beiden Welten, die parallel, einander sehr nahe verlaufen und die sich bisweilen aufgrund der Präsenz einer bösen Macht in einem dramatischen Kurzschluss berühren, ist greifbar in diesem kahlen Zimmer im Erdgeschoss des San Paolo Verlages, eines imposanten Gebäudekomplexes am Stadtrand von Rom. Erstaunlich ist die Ruhe und Sachlichkeit des Priesters, der vor unseren Augen die Schlüssel der Brücke, die die beiden Welten verbindet, zu besitzen scheint und der davon spricht, als unterhielte er uns über die natürlichste Sache der Welt. Etwa wenn er als Augenzeuge berichtet, wie sich im geifernden Mund eines besessenen Patienten zehn Zentimeter lange eiserne Nägel materialisierten, die der Teufel ihm ins Gesicht spucken wollte.

Don Gabriele ist eine wahre Goldgrube von Erinnerungen, Geschichten und Erfahrungen. Wenn das Gedächtnis ihn einmal im Stich lässt, kommen ihm die in einem Bulletin der zuerst italienischen, später internationalen Vereinigung der Exorzisten veröffentlichten Erinnerungen zu Hilfe. Ein sehr «hausgemachtes» Bulletin, das auf einer tragbaren Schreibmaschine getippt wurde und in einigen Dutzend Kopien erschien. Don Gabriele hat uns dieses meines Wissen unveröffentlichte historische Gedächtnis zur Verfügung gestellt. Durch dieses Mittel haben die unauffälligen Kämpfer dieses seltsamen Krieges Informationen, Erfahrungen und das nützliche Know-how im täglichen Nahkampf mit dem Gegner untereinander ausgetauscht. Zusammen mit der Frucht der langen Begegnungen mit Don Gabriele veröffentlichen wir auch einige dieser Berichte, um den Sinn einer Berufung und eines pastoralen Amtes in den geheimnisvollen Grenzgebieten konkret und greifbarer zu machen.

Von den vielen Zeugnissen, die Pater Amorth uns zur Verfügung gestellt hat, nehmen manche Bezug auf persönliche Erlebnisse von Pater Amorth, andere beziehen sich auf Priester, die sich wie er einsetzen im Kampf gegen den unsichtbaren Feind; andere schließlich sind wörtliche Äußerungen der Opfer. Wir achteten stets darauf, den Namen der beteiligten Personen wegzulassen, um eine mögliche Identifizierung zu verhindern.

Doch gewinnt man den Eindruck, dass in Wirklichkeit alle Zeugnisse Don Don Gabriele selbst gehören, denn aus «seiner» Stimme entstehen die Rundschreiben der Vereinigung der Exorzisten, die seine sichtbare und bleibende Schöpfung ist. Wir haben es für richtig erachtet, die Frucht dieser langen Gespräche nicht in klassische Kapitel einzuteilen; wir haben es vorgezogen, den Eindruck eines langen dahinfließenden Stromes von Worten und Gefühlen, den all diese vielen Berichte, Zeugnisse und Erlebnisse vermitteln, aufrecht zu erhalten und mitzuteilen. Angenehme Lektüre wünscht Ihnen

*Marco Tosatti*

# Zu neuen Ufern

***Don Gabriele, im Jahre 1986 sind Sie von Kardinal Poletti zum Exorzisten ernannt worden. Es sind nun mehr als zwanzig Jahre, dass Sie diesen Kampf führen. Wie hat sich seither ihr Leben verändert?***

Es hat sich radikal verändert. Vorher war ich schriftstellerisch tätig; ich war Schriftleiter der marianischen Zeitschrift «Madre di Dio», der marianischen Monatsschrift der Società San Paolo. Diese Tätigkeit übte ich während vielen Jahren aus. Mein Spezialfach ist also – so könnte man sagen – die Mariologie. Doch hat sich seit jenem Jahr 1986 mein Leben radikal verändert, denn jetzt befasse ich mich ausschließlich mit Exorzismen. Da ich sehe, welch immenses Bedürfnis nach solchen besteht und es nur wenige Exorzisten gibt, arbeite ich wöchentlich sieben Tage, morgens und nachmittags, die Weihnachts- und Ostertage inbegriffen. Praktisch beschäftige ich mich mit nichts anderem, mit Ausnahme einiger Predigten, die ich gelegentlich vor größeren Gruppen, namentlich der Bewegung der charismatischen Erneuerung und der Bewegung Medjugorje halte. (Diesen beiden Bewegungen widme ich mich). Ferner halte ich am zweiten Mittwoch jeden Monats einen Vortrag über Radio Maria mit anschließenden Fragen und Antworten während anderthalb Stunden von 18 Uhr bis 19.30 Uhr. Diese Vortragsreihe läuft nun schon seit sechzehn Jahren. Ich stelle fest, dass die Leute es noch nicht satt geworden sind, mir zuzuhören, obwohl ich stets nur über ein einziges Thema spreche, nämlich über die Exorzismen. Offensichtlich wünschen die Leute dieses Thema, weil sie davon einen Gewinn haben. Ich erhalte viele Briefe und Telefonanrufe, die mir danken. Zahlreich sind die

Fragen, die mir gestellt werden, und viele beklagen sich: «Es gelingt mir nie, Ihnen meine Frage zu stellen.» Denn ich spreche drei Viertelstunden lang, dann geht es weiter mit dem Telefon und ich antworte auf die Fragen. Und immer wieder stelle ich fest, dass dem großen Schweigen über den Teufel, das oft im Innern der Kirche herrscht, auf Seiten der Gläubigen und der einfachen Leute ein starkes Verlangen nach verbindlicher Auskunft über dieses Thema gegenübersteht.

Es handelte sich also um eine wirklich radikale Wende, wie sie radikaler nicht sein könnte. Man kennt mich nun nicht mehr als Mariologen – oder als «mariolo»[1] –, sondern als Exorzisten. Angesichts der Tatsache, dass es wenige Exorzisten gibt, kam ich später auf die Idee, Bücher über dieses Thema zu schreiben. Diese hatten einen so großen Erfolg, dass ich glaube, die Madonna hat diese Idee gesegnet. Mein erstes Buch «Ein Exorzist erzählt» erlebte bisher einundzwanzig Auflagen und wurde in dreiundzwanzig Sprachen übersetzt. Ich werde überall zu Vorträgen eingeladen. Man sagt mir: «Du bist in Polen, in Brasilien bekannt, oder in den Vereinigten Staaten von Amerika und so fort.» Über meine Bücher bin ich dort bekannt, denn in diesen Ländern bin ich nie gewesen und werde dorthin auch nicht gehen, da ich hier in Rom schon genug zu tun habe.

Später kam ich auf den Gedanken, eine Gesellschaft zu gründen: die Vereinigung der Exorzisten. Zuerst war diese Vereinigung eine nationale, später auch eine internationale. Bei der ersten Versammlung im Jahr 1991 in der Kirche Peter und Paul waren wir zwölf Personen. Ich hoffte, dass zu dieser Versammlung auch mein Mentor Pater Candido Amantini

1 Mariolo: Im Italienischen hat dieses Wort die scherzhafte Bedeutung von Spitzbube (Anm. d. Ü.)

kommen würde, der zu jener Zeit noch lebte. Doch es kam anders. Er traute es sich nicht mehr zu, daran teilzunehmen. Im folgenden Jahr waren wir schon zahlreicher und im Jahr darauf noch viel mehr. Die Zahl der Mitglieder nahm stetig zu, bis wir das Jahr 1994 erreichten, in welchem unsere Vereinigung international wurde, da zahlreiche Priester aus dem Ausland sich unserer Vereinigung anschlossen. Heute bin ich der Ehrenpräsident der internationalen Vereinigung. Nach einer gewissen Zahl von Jahren und nach zehn Kongressen, die ich persönlich organisiert habe, hielt ich es für angebracht, einen Wechsel vorzunehmen und jemand anderen an die Spitze zu stellen. Jetzt ist Don Giancarlo Gramolazzo Präsident. Aber die Mitglieder haben mich zum Ehrenpräsidenten auf Lebenszeit ernannt. Nach einigen Jahren im Exorzistenamt war mir also der Gedanke gekommen, diese internationale Vereinigung zu gründen. Aufgrund dieses gelungenen Werkes und aus der stetig zunehmenden Zahl seiner Mitglieder glaube ich schließen zu dürfen, dass der Herr dieses Unternehmen wahrhaftig gesegnet und es zu dem Seinen gemacht hat.

# Ein von der Nächstenliebe motivierter Kampf

***Wenn ich sehe, dass Sie Ihr Amt in einem gewissen Alter auszuüben begonnen und jetzt 84 Jahre überschritten haben, kann ich nicht umhin, sie zu fragen, ob diese Arbeit – von einem physischen Gesichtspunkt aus betrachtet – nicht zu beschwerlich ist?***

Ja gewiss, sie ist ziemlich beschwerlich, zumal mir etwas Seltsames zustößt, dass ich nämlich jedes Jahr ein Jahr älter werde – jetzt bin ich schon vierundachtzig Jahre alt geworden. Und zwar am 1. Mai, und das ist kein zufälliger Tag. Ich denke, wenn ich am ersten Tag des Maria geweihten Monats geboren bin, dann ist das zur Ehre der Madonna.

Um auf den beschwerlichen Aspekt meines besonderen Amtes zurückzukommen, muss ich sagen, dass die größte Belastung sich daraus ergibt, dass ich tagtäglich mit der Not und den Leiden der Menschen konfrontiert bin. Das ist sehr bedrückend und ich bin von einem großen Mitleid ergriffen. Ich begegne Fällen von unermesslichem Leid, das sich oft über Jahre hinzieht. Andererseits sehe ich auch, wie es mit Exorzismen gelingt, diese Leiden zu mildern oder gar die vollständige Befreiung herbeizuführen. Der heilige Alfons von Liguori, der sich darin auskannte, sagte: «Die vollständige Befreiung erreicht man nicht immer, doch man tut damit dem Leidenden immer etwas Gutes.» Das ist wahr. Ich habe hin und wieder Patienten, die noch nicht vollständig vom Bösen befreit sind, die aber schon einen solchen Grad von Selbstständigkeit erreicht haben, dass ihnen niemand etwas Auffälliges anmerkt. Sie führen ein «normales» Leben in der

Familie und am Arbeitsplatz. Vielleicht verspüren sie das Bedürfnis, ein oder zwei Mal im Jahr sich einem weiteren Exorzismus zu unterziehen. Ein oder zwei Mal pro Jahr ist wahrhaftig wenig, wenn man bedenkt, dass man mit einem Mal pro Woche begonnen hatte und es dabei vielleicht notwendig gewesen war, den Patienten festzuhalten oder gar auf einer eigens dazu bestimmten Liege anzuschnallen. Jetzt, da die vollständige Befreiung immer näher rückt, kommt er von selbst hierher und nimmt gelassen Platz auf dem Lehnstuhl.

Doch normalerweise kommt es in den schwierigsten Fällen zu Beginn des exorzistischen Verfahrens zu gewalttätigen Ausbrüchen von solcher Heftigkeit, dass ich sechs oder sieben Personen benötige, die mir helfen, die Reaktionen des vom Teufel Besessenen unter Kontrolle zu halten.

Die «physische» Hilfe meiner Assistenten ist also wichtig, um die Besessenen festzuhalten, und auch um deren Gesicht und Kleider zu reinigen, wenn diese, wie es oft vorkommt, vor Wut schäumen und geifern. Die Assistenten helfen mir auch durch ihr Gebet, welches den ganzen exorzistischen Prozess begleitet. Außer diesen Laienhelfern nehmen auch viele Priester teil, die Erfahrungen sammeln und in ihrem Amt als Exorzisten Fortschritte machen möchten.

## Eine gefährliche Arbeit

Ich möchte meinen Lesern ein erstes Zeugnis vorlegen, das auf die spezifischen Phänomene Bezug nimmt, die die Exorzismen begleiten, wobei ich insbesondere die Kraft und Nützlichkeit des Weihwassers bei der Unterscheidung der Fälle, die sich mir darbieten, hervorhebe.

Ich war von einem Pfarrer, der als Priester der gleichen Diözese angehört, ersucht worden, ihm im Fall einer geistig gestörten Frau zu helfen. Wir vereinbarten einen Termin. Am Tag vor meiner Ankunft sagte die Frau zum Pfarrer, dass ich nicht kommen werde, weil ich erkrankt sei. Von dieser Bemerkung der Frau wusste ich damals nichts, erst später erzählte es mir der Pfarrer. Tags darauf, als ich eben dorthin verreisen wollte, wurde ich wegen einer Nierenkolik von plötzlicher Übelkeit befallen und in ein Spital gebracht.

Einige Wochen später fand dann endlich das Treffen statt. Anfänglich machte die junge Frau den Eindruck einer Geistesgestörten, so sympathisch sie sich auch präsentierte. Dann, während wir uns unterhielten, wurde sie immer unruhiger. Sie fühlte sich durch meine Anwesenheit immer unbehaglicher, so dass sie sich schließlich erhob, sich dem Pfarrer zuwandte und wie ein verängstigtes Kind ihre Arme um dessen Hals schlang mit den Worten: «Beschützen sie mich vor ihm!» Ich gab dem Pfarrer ein Zeichen und dieser erreichte, dass sie sich wieder setzte.

Auf dem Tisch nebenan hatte ich zwei Gläser vorbereitet, das eine gefüllt mit gewöhnlichem Trinkwasser, das andere mit Weihwasser. Ich bot ihr an, das gewöhnliche Wasser zu trinken; sie dankte mir und trank es. Einige Minuten später reichte ich ihr das andere Glas mit dem Weihwasser. Sie trank es ebenfalls. Doch diesmal veränderte sich augenblicklich ihr Anblick. Aus der eingeschüchterten jungen Frau wurde ein wütendes Weib. Sie herrschte mich an, wobei sie die Worte mit tiefer und mächtiger Stimme skandierte, wie wenn ein Mann aus ihrem Innern spräche: «Du hältst dich wohl für schlau, Pfaffe.» Darauf begannen wir mit dem Gebet des Exorzismus und nur eine Stunde später, nach Vollendung des Ritus, erfolgte in der Kirche die Befreiung.

*Ich möchte ein zweites Zeugnis anführen*

Ich war seit kaum einem Jahr zum Priester geweiht worden, als ich von einem Amtsbruder einen Anruf erhielt. Er fragte mich, ob ich ihm im Fall einer jungen Frau, die man ihm ins Pfarrhaus gebracht hatte, helfen könnte. Zuerst zögerte ich, nicht ohne Grund. Ich war erst vor kurzem in meine Pfarrei zurückgekehrt, nachdem ich während Wochen an einer Hepatitis erkrankt war. Zudem musste ich die Abendmesse zelebrieren, da mein Pfarrer abwesend war. Schließlich lehnte ich die «Einladung» ab. Doch während der Eucharistiefeier, als ich nach Austeilung der Kommunion an die Gläubigen den Hostienkelch in den Tabernakel zurückstellte, vernahm ich zu meiner großen Überraschung eine innere Stimme, die mir sagte: «Ich bin mit dir.» Ich spürte, wie eine neue Kraft in meinen Körper zurückkehrte. Es wurde mir klar, dass ich meinem Amtsbruder, der mich um Hilfe ersucht hatte, helfen musste.

Ich begab mich also zu ihm in sein Pfarrhaus. Nach einem ersten langen Gebet, das ungefähr drei Stunden dauerte, wurde uns klar, dass wir uns mit einem Fall von wirklicher Besessenheit konfrontiert sahen. Wir nahmen deshalb Kontakt auf mit dem Bischof, um seine Erlaubnis für die Durchführung der hierfür notwendigen Exorzismen zu erhalten.

Hier nun einige Zwischenfälle, die sich unerwartet ereigneten.

Einmal wälzte sich der Körper der jungen Frau auf dem Boden; sie kroch drei Meter weit, wobei sie sich wie eine Schlange bewegte. Mit uns waren noch andere Personen, die Augenzeugen dieses Vorfalls wurden. Ich erinnere mich auch an einen furchtbaren Albtraum, den ich zu jener Zeit hatte. Man führte mich zu einer Art von großer Badewanne im hinteren Teil eines Schiffes auf hoher See. Dort begegnete ich drei Personen: einer nackten, blonden Frau, deren Gesicht, in dem Maße, wie sie näher kam, sich verwandelte, wobei es zur Hälfte das einer Bestie und zur anderen Hälfte das einer Frau wurde. Die zweite Person war ein Jüngling mit dunklen Haaren; seine Hände umklammerten einen Spieß. Er kam auf mich zu und wollte mich erdrosseln. Die dritte Person war ein Schwarzer, doch konnte ich sein Gesicht nicht sehen. Er hatte – so schien mir – sexuellen Verkehr mit einer schwarzen Frau und verbarg seine Gesichtszüge.

Am Tag darauf erfuhren wir während des Exorzismus durch den Mund der besessenen jungen Frau die Namen dieser drei Personen so wie auch die von anderen Personen. Noch bevor sich Anzeichen einer Befreiung der jungen Frau und eines Sieges Christi über die «Legion» – so bezeichnete sich der Dämon, der die Frau beherrschte – erkennen ließen, kam es zu einem seltsamen Zwischenfall. An diesem Tag kam ich mit großer Verspätung zum Befreiungsgebet im Pfarrhaus meines Amtsbruders. Als ich nämlich in Richtung der Kirche fuhr, wurde mein Auto auf der Straße sanft emporgehoben und auf der nahen Wiese abgestellt. Wohlgemerkt, zu jenem Zeitpunkt fuhr ich sehr langsam, etwa fünfzehn Kilometer pro Stunde. Alle unsere Anstrengungen, das Auto wieder auf die Straße zu bringen, waren vergeblich, der Motor reagierte nicht auf unsere Startversuche. Die besessene junge Frau saß auf dem

Rücksitz neben einer sehr kräftigen Person, die ich gebeten hatte, mich zu begleiten, um die junge Frau festzuhalten. Ich bemerkte auch, dass der Reifen des rechten Vorderrades auf unerklärliche Weise aufgeschlitzt war. Wir kamen mit großer Verspätung an. Der Priester, der mich um Hilfe gebeten hatte, wurde einige Tage nach der Befreiung Opfer eines Verkehrsunfalls.

Als ich das Haus meine Amtsbruders betrat, spürte ich die Anwesenheit des Bösen hinter mir, der mich angreifen wollte. Ich wandte mich um und fand mich einer jungen Frau gegenüber, die mit einer Schere in der Hand im Begriff war, auf mich einzuschlagen. Gott sei gedankt, alles endete zu Seinem Ruhm und Seinem Lob. Nach ihrer vollständigen Befreiung heiratete die junge Frau und lebt glücklich.

## Die Skepsis der Bischöfe

***Sie sagten mir einmal, dass es wenige Exorzisten gebe und dass viele Diözesen überhaupt keine haben. Hat sich diese Situation geändert?***

Die Situation hat sich leider nicht geändert, weil es immer noch sehr viele Priester und viele Bischöfe gibt, die nicht an den Exorzismus glauben. Über diesen Befund habe ich auch einen Brief an den Heiligen Vater geschrieben und wir geben die Hoffnung nicht auf … Er versprach, dass er ein Dokument der Kongregation für den Gottesdienst, der die Abfassung dieser Art von Dokumenten obliegt, veröffentlichen werde, worin den Bischöfen empfohlen wird, mindestens einen Exorzisten für jede Diözese zu bestimmen. In vielen Diözesen gab es jahrelang – es wäre eine zu lange Geschichte, darüber zu berichten – eine vollständige Unterbrechung der Exorzismen. Dies hatte zur Folge, dass in den meisten Priesterseminaren, wo die Priester von Morgen ausgebildet werden, nicht mehr über den Exorzismus gesprochen wurde. Auch heute wird nicht mehr darüber gesprochen.

In den ersten vier Jahrhunderten der Geschichte des Christentums durften alle Gläubigen Exorzismen vollziehen; es gab noch nicht den Exorzisten im Sinne wie wir ihn heute verstehen, nämlich einen Priester mit einem bestimmten amtlichen Auftrag. Jesus sagte: «In meinem Namen werden sie die Dämonen austreiben.» Es genügte also, an Ihn zu glauben und mit Vertrauen zu handeln. Und das gilt auch heute noch. Dies ist der Grund, warum es heute Erneuerungsbewegungen und auch Einzelpersonen gibt, die das tun, was ich als «Befreiungsgebete» bezeichne, um diese von den eigentlichen Exorzismen zu unterscheiden. Wenn diese mit Vertrauen verrichtet werden, haben sie eine große Wirkkraft, dieselbe wie die eigentlichen Exorzismen.

Kommen wir zurück auf die ersten vier Jahrhunderte der Kirchengeschichte. Alle Gläubigen konnten damals Exorzismen vollziehen. Später wurde als niedere Weihe das Exorzistenamt eingeführt, das nur den Priestern anvertraut werden durfte und an diese nur von den Bischöfen. Auch heute funktioniert es immer noch auf diese Weise. Es ist ihr alleiniges Recht. Allein die Bischöfe haben die Vollmacht, Exorzisten zu ernennen, oder ihnen die Genehmigung, Exorzismen vorzunehmen, zu entziehen. Der Exorzismus als ein von Priestern vollzogenes öffentliches Gebet schließt Initiativen nicht aus, die zur Befreiung der vom Dämon Bedrängten ergriffen werden können: Es bleibt immer das private persönliche Gebet, das uns Christus geschenkt hat und das alle Gläubigen verrichten können.

## Ganze Nationen ohne Exorzisten

***Sie sagten, dass das Schweigen über den Teufel schon lange selbst im Schoß der Kirche herrscht. Welches sind die Folgen davon?***

Eine erste Folge ist, dass ich aus verschiedenen Ländern Schreiben erhalte, worin der gänzliche Mangel an ausgebildeten Exorzisten beklagt wird. Es handelt sich um Länder von Rang wie Deutschland, Österreich, die Schweiz, Spanien, Portugal, um nur einige zu nennen. In diesen Ländern gibt es keine oder fast keine Exorzisten. Viele Gläubige fragen mich, ob sie nach Rom kommen könnten, um von mir exorzistisch behandelt zu werden. Dies aber ist unmöglich, da ich mit zu behandelnden Fällen und anderen Verpflichtungen überbürdet bin. Ich bin daher gezwungen, sie auf die Gruppen der Erneuerungsbewegung hinzuweisen oder ihnen zu sagen, sie sollen sich an jene Priester wenden, die Befreiungsgebete verrichten. Diese haben dieselbe Wirkkraft – ich sagte es bereits – wie die eigentlichen Exorzismen.

Dazu möchte ich darauf aufmerksam machen, dass man im Leben vieler Heiliger auf Episoden stößt, die bezeugen, wie diese, ohne Exorzist zu sein, Menschen vom Dämon befreiten. Ich nenne Ihnen einen Heiligen, der zwar nie offiziell zum Patron der Exorzisten ernannt worden ist, aber doch ein wenig als ihr Beschützer angesehen wird. Es ist der heilige Benedikt. Er war weder Priester noch Exorzist. Er war ein Mönch. Doch mit seinen Befreiungsgebeten übte er eine unvergleichliche Wirkung aus. Ich nenne Ihnen auch eine Heilige: Katharina von Siena. Wenn es den dortigen Exorzisten nicht gelang, eine Person vom Dämon zu befreien, schickten sie diese zur heiligen Katharina, die weder

Priester noch Exorzist war. Sie betete. Und mit ihrem Vertrauen und ihrer Heiligkeit bewirkte sie wunderbare Befreiungen. Auch wollen wir Pater Pio erwähnen, der, obwohl er nie ein offiziell beauftragter Exorzist war, sehr viele Menschen von den Anfechtungen des Teufels befreite.

## Ein Kampf an zwei Fronten

***Ihr Kampf ist also ein zweifacher, der an zwei Fronten geführt wird: einerseits gegen den Feind von jeher und andererseits gegen das Schweigen und die Ungläubigkeit im Schoß der Kirche selbst.***

Gewiss, es handelt sich um einen Kampf, um die Menschen der Kirche zu überzeugen. Bis zum 12. Jahrhundert verlief alles gut, denn in allen Diözesen gab es eine große Zahl von Exorzisten. Dann geschah das, was ich die Zeit des Wahnsinns nenne, als nämlich einige Kirchenmitglieder die Folterung der Häretiker gestatteten. Später erlaubten sie, dass diese dem «weltlichen Arm», das heißt der Gerichtsbarkeit des Staates übergeben und auf dem Scheiterhaufen lebendig verbrannt wurden. Über mehrere Jahrhunderte wurden diese barbarischen Grausamkeiten begangen. Damit hat man gegen die Häresie übertriebene und unangemessene Maßnahmen ergriffen, so dass für lange Zeit keine Exorzismen mehr vorgenommen wurden, sondern man schickte vom Teufel Besessene direkt auf den Scheiterhaufen.

Doch sind aus jener Zeit Dokumente erhalten, die bezeugen, dass einige Priester weiterhin Exorzismen durchführten. Besonders bekannt ist der Fall eines französischen Bischofs, der eine vom Teufel besessene Ordensschwester – eine wahre Hexe – statt sie auf den Scheiterhaufen zu schicken, exorzieren ließ. Man benötigte zwei Jahre, um sie zu befreien.

Bis zu ihrem Tod führte sie ein heiligmäßiges Leben. Es handelte sich hier um eine eigentliche Besessenheit, die als solche einen ziemlich seltenen Fall darstellt im Vergleich zu den verschiedenen diabolischen Anfechtungen.

In diesem Zusammenhang erinnere ich mich, dass ich nach einem Vortrag für Radio Maria gefragt wurde, ob auch Karl Borromäus Leute auf den Scheiterhaufen geschickt hat. Ja, das ist wahr, antwortete ich, denn es liegen Zeugnisse vor, die dies bestätigen. Auch die Heiligkeit schützt nicht davor, dass man der Denkweise und Mentalität der jeweiligen Epoche verfallen kann. Auch Kardinal Karl Borromäus, der ein Heiliger war, hat Leute verurteilt, die dann auf dem Scheiterhaufen starben.

Wie dem auch sei, in jener Epoche wurden keine Exorzismen mehr durchgeführt, und auch später, in neuerer Zeit, gab es als Reaktion auf die vielen während langer Zeit verübten unmenschlichen Grausamkeiten keine Exorzismen mehr. Die Folge davon war, dass man in den meisten Priesterseminaren nicht mehr vom Teufel und der Hölle sprach. Und in den kirchlichen Ausbildungsstätten steht auch heute das Thema Exorzismus nicht auf dem Programm.

Das ist der Grund, warum es heute eine große Zahl von Priestern gibt, die nicht mehr an Teufel und Exorzismus glauben, und auch zahlreiche Bischöfe, jawohl, sogar Bischöfe glauben nicht mehr daran! Denn bestimmte Priester, nachdem sie zu Bischöfen ernannt worden sind, glauben auch weiterhin nicht an diese Dinge. Sie gehen sogar soweit, in aller Öffentlichkeit zu verkünden: «Die Hölle existiert nicht, der Teufel existiert nicht.» Und doch spricht Jesus im Evangelium ausgiebig davon. Man wird sich fragen müssen, ob denn diese Bischöfe das Evangelium überhaupt je gelesen haben, oder ob sie wirklich nicht daran glauben!

Wenn man ihnen sagt, dass Jesus zahlreiche Besessene geheilt hat, erwidern sie, dass der Begriff «besessen» ein aus der Sprache und Kultur der damaligen Zeit abgeleiteter Ausdruck sei, der jene als vom Dämon Besessene bezeichnete, die in Wahrheit bloß Kranke waren. Doch das Evangelium unterscheidet ganz deutlich die beiden Zustände. Der Unterschied zwischen dem Jesus, der einen Kranken heilt, und dem Jesus, der einen vom Dämon Geplagten befreit, ist klar ersichtlich. Ebenso unterscheidet es auch die Macht zu heilen von der Macht, Dämonen auszutreiben. Und der letzte Auftrag lautet: «Geht, verkündet mein Wort, vertreibt die Dämonen und heilt die Kranken!»

## Man sagt, wir Exorzisten seien überspannte Leute

***Bei der ersten Zusammenkunft der Vereinigung der Exorzisten wart Ihr zwölf Personen, heute seid Ihr viel mehr. Das bedeutet doch, dass sich etwas geändert hat …***

Zweifellos. Ich habe viele Fernseh-Interviews gegeben. Ich nahm dieses Angebot gerne an, um möglichst viele Informationen über dieses Thema unter die Leute zu bringen, sie mit diesem Thema vertraut zu machen. Ich habe damit ganz schön Aufsehen erregt! Ich glaube, der Herr hat sich meiner bedient, gerade, um diese Botschaft zu verbreiten, damit man wieder zur Praxis der Exorzismen zurückkehrt. Es gibt so viele Menschen, die seelisch leiden. Was meinen Sie, an wen werden sie sich schlussendlich wenden? Sie suchen ihr Heil bei Zauberern, Magiern, Hexen. Oft landen sie dort, weil sie sich von Priestern schlecht behandelt fühlen und sich daher sagen: «Ich gehe wenigstens zu jemandem, der mich freundlich empfängt, mir einen Stuhl anbietet und erkennen lässt, dass er mir helfen will. Es gibt leider Priester, die, wenn sie von seelischen Leiden reden hören, sofort antworten: «Das ist doch alles Unsinn! Verschwinde!» Und sie schlagen dir die Türe vor der Nase zu. Was für ein unmenschliches Verhalten! Etwas, das Christus nie getan hätte.

Es gibt ein schönes Buch von Monsignore Gemma; er ist der einzige italienische Bischof, der Exorzismen vornimmt. Er spricht in diesem Buch klar, offen und mit großem Mut über die Realität des Teufels. Gewiss ist er nicht der Einzige, der das tut. Andere Stimmen erheben sich, um über dieses so vernachlässigte oder geradezu tabuisierte Thema zu sprechen. Doch sind es viel zu wenige.

Die Exorzisten sind im Allgemeinen unbeliebt, sie sind sogar bei einem großen Teil des Klerus nicht gern gesehen, von dem sie oft als überspannte Leute angesehen werden. Sie sind nicht besonders willkommen, obwohl sie doch auch Mitglieder des Klerus sind und im Grund zu den besten gerechnet werden können. Ich sage «zu den besten» , weil es im Kirchenrecht heißt, dass der Bischof bei der Wahl des Exorzisten einen Priester wählen soll, der ein Mann des Gebetes ist, ein Mann von Bildung und ausgeglichen, der einen guten Ruf genießt. Alles Eigenschaften, die jeder Priester haben sollte, die aber nicht alle haben. Daher meine ich, die Exorzisten sollten aus der crème de la crème des Klerus ausgewählt werden. Ihre Tätigkeit wird jedoch von den Priestern nicht immer geschätzt, denn oft befinden sich gerade unter ihnen solche, die nicht an die Exorzismen glauben.

Wie es auch sei, etwas ist in Bewegung geraten. Es war Papst Paul VI., der im Jahr 1972 das Eis des Verschweigens der Wahrheit gebrochen hat, als er am 15. November die berühmte, ganz dem Thema Satan gewidmete Ansprache hielt. Kurz zusammengefasst sagte er: Wer nicht glaubt, dass der Teufel existiert, befindet sich außerhalb der Lehre der Kirche. Er hat endlich das Eis gebrochen, und es war der Papst persönlich, der so sprach. Doch die Sache zog keine großen Folgen nach sich. Die Tätigkeit meiner Wenigkeit scheint jedoch vom Herrn gesegnet worden zu sein ...

Ich bin ein Schüler von Pater Candido Amantini. Etwa vierzig Jahre lang war dieser hier (*er zeigt auf die an der Wand hängende Fotografie*) Exorzist an der Scala Santa. Er gehörte dem Orden der Passionisten an. Ich wurde zum Exorzisten ernannt, um als Assistent von Pater Candido zu wirken. Ihm verdanke ich alles, was ich weiß. In meinem ersten Buch, das ich geschrieben habe, gebe ich die Unterweisungen wieder, die mir Pater Candido gegeben hat, um diese schriftlich festzuhalten. Wie alle Schriftsteller träumte ich von einer zweiten Auflage. Ich hätte nie geglaubt, dass mein erstes Buch schon im ersten Jahr sechs Auflagen erreichen würde. Es fand reißenden Absatz. Auch meine anderen Bücher und die Übersetzungen in viele Sprachen sind erfolgreich. Ich erlebte dies in Madrid, wohin ich eingeladen worden war. An einem einzigen Tag musste ich sechs Interviews geben, die vom Herausgeber organisiert worden waren. Man hat das Buch auch ins Japanische übersetzt ...

## Dämonen und verdammte Seelen

Ich möchte nun den Lesern ein Zeugnis unterbreiten, aus dem deutlich hervorgeht, dass bei der diabolischen Besessenheit oft nicht nur Teufel sondern auch die Seelen von Verdammten miteinbezogen sind.

Vor einigen Jahren wandte sich ein Herr an mich mit der Bitte, dass ich sein Haus segnen komme, weil sich dort außergewöhnliche Dinge abspielten. Man hörte Stimmen von Personen, die sich dort gar nicht befanden. Unter dem Kopfkissen, auf dem Fensterbrett oder auf dem Autositz fand man drei Geldstücke, drei kleine Zweige oder drei Kieselsteine. Es kam oft vor, dass man den Kamm oder die Zahnpasta im Kühlschrank fand. Während der Mahlzeiten flog der Korken der Mineralwasserflasche in die Luft und ließ sich neben der Ehefrau nieder; diese Ehefrau, und nur sie allein, sah dann von hinten einen schönen blonden Jüngling, der durch das Haus lief oder auf dem Rasen vor dem Haus spazierte. Ihr Mann hatte die Polizei benachrichtigt, da er vermutete, dass man ihnen einen Streich spielen und sie ärgern wollte.

Nachdem tagelang Wachposten das Haus ergebnislos überwacht hatten, verzichtete die Polizei auf weitere Maßnahmen, in der Überzeugung, es handle sich um Einbildungen oder Halluzinationen von Geisteskranken.

Ich begab mich sofort an Ort und Stelle Als ich das Chorhemd anzog, entfernte sich die Hausfrau, wobei sie mich mit drohenden Augen anstarrte. Ich begann mit den Gebeten und spendete den Segen mit dem Weihwasser. Dabei fielen einige Tropfen auf die Frau, was unvorhersehbare Reaktionen hervorrief. Sie schrie laut auf, da das Weihwasser ihr brennenden Schmerz bereitete. Einen Augenblick lang war ich wie versteinert. Dann gab ich ihrem

Mann den Rat: «Bringe deine Frau zum Exorzisten der Diözese, es ist eine ernste Angelegenheit.»

Tags darauf gingen sie zum zuständigen Exorzisten, der auf Anhieb feststellte, dass es sich um einen schweren Fall, um eine eigentliche teuflische Besessenheit handelte. Es war der sechste oder siebte schwere Fall, mit dem er sich konfrontiert sah, seitdem er Exorzist war. Die Frau ließ sich nun, begleitet von ihrem Mann, zweimal wöchentlich exorzieren. Etwas später gab der Priester dem Ehegatten den Rat, zum Bischof der Diözese zu gehen und ihn um die Mithilfe eines weiteren Priesters zu bitten, denn, so meinte er, es sei bei einem solchen schweren Fall unbedingt erforderlich, dass man jeden Tag eingreife, sonst würde die für die Befreiung notwendige Zeit viel zu lange dauern. Das Ehepaar begab sich zum Bischof, der beschloss, diese Aufgabe mir zu übertragen, da ich den Vorfall bereits kannte und der Pfarrer der Betroffenen sei.

So ging ich nun jeden Tag zu dieser Familie und hielt mich dort jeweils drei Viertelstunden bis zu einer Stunde auf, je nach dem Moment, da der Dämon sich zurückzog und die Frau – wenigstens vorläufig – unbelästigt ließ. Jedesmal vor dem Exorzismus fuhr sie mich an: «Was machst du hier? Hast du nichts anderes zu tun?»

Sobald ich mit dem Gebet des Exorzismus begonnen hatte, fiel sie in Trance. Wir, ihr Gatte und ich, mussten sie festhalten, da sie gewalttätig wurde. Zweimal gelang es ihr, bevor ich mit dem Gebet begann, ein Messer zu ergreifen, mit dem sie mich bedrohte. Ein anderes Mal gelang es ihr, sich im Schlafzimmer einzuschließen; nachdem sie dort in einen tiefen Trancezustand gefallen war, verspottete sie uns. Ich begann, die Frau von diesseits der Tür zu exorzieren; allmählich beruhigte sie sich und öffnete die Tür. Während des Exorzismus sprach sie verschiedene Sprachen mit jeweils anderer Stimme. Sie sang die *Marseillaise* oder deklamierte aus Dantes *Divina Commedia* den «Gesang» über die Hölle. Nach einigen Exorzismen enthüllte der Teufel auf meinen Befehl hin seinen Namen: Zago. Er sagte, er sei der Anführer und werde an einem nahe gelegenen Ort in einer verfallenen Kirche kultisch verehrt. Er äußerte sich auch über seine Initiative und dass er siegen werde.

Der andere anwesende Dämon war Astarot, der beauftragt war, die Liebe des Ehepaares und deren Liebe zu ihren Kindern zu zerstören. Es zeigte sich noch ein dritter Dämon mit dem Namen Serpente (Schlange), der den Auftrag hatte, die Frau in den Selbstmord zu treiben. Er versuchte dies, indem er Plastiksäckchen an ihrem Hals festband und Stricke am Kronleuchter aufhängte. Einmal versuchte er sogar, sie dazu zu bewegen, sich von einer Brücke hinunterzustürzen. Mehrmals packte sie den Koffer und sagte, sie müsse zu jener Ortschaft gehen, wo sich die zerfallene Kirche befindet, denn dort erwarte sie *er,* er habe es ihr befohlen und sie müsse gehen. Nach Aussage von Zago war auch eine ganze Legion von zweitrangigen Dämonen anwesend.

Zu meiner großen Überraschung befanden sich in dieser Gesellschaft auch drei verdammte Seelen von Verstorbenen: Michelle, eine Frau, die im Moulin Rouge in Paris gearbeitet hatte und mit neununddreißig Jahren an den Folgen ihrer Drogenabhängigkeit gestorben war. Michelle sprach oft Sätze auf Französisch, jene immer gleichen Sätze, die sie in ihrer Vergangenheit stets wiederholt hatte, wenn sie Männer angesprochen hatte. Dabei wurde ihr Gesicht sanft und schmeichelnd. Michelle blieb in der Frau bis zum Ende des Exorzismus, um sie dann weinend und gequält zu verlassen.

Später erschien auch Beelzebul, ein Marokkaner, der drei Missionaren im Jahre 1872 den Kopf abgeschnitten hatte. Auf meine Frage, zu welchem Orden diese Ordensleute gehörten, antwortete er mir: «Was weiß ich denn schon über eure religiösen Orden?!» Von Schuldgefühlen gequält, hatte er dann Selbstmord begangen

Die dritte verdammte Seele war Jordan, ein Schotte, der seine Mutter getötet hatte. Er meldete sich oft. Er schien mir zu sagen: «Der wahre Gott ist Zago, er ist der Mächtigste.» Ich sage: es schien mir ... , weil ich die englische Sprache nur schlecht kenne.

Während des Exorzismus rühmte sich Zago, der Chef der Welt zu sein. Und behauptete, dass alles so abliefe wie er es wolle. Er selbst habe den Bürgerkrieg in Ruanda ausgelöst und am unter Brüdern vergossenen Blut Gefallen gefunden. Dann provozierte er mich, als er sagte: «Alles, was du in deinen Predigten sagst, sind Märchen, und niemand hört dir zu!» Oft drohte er, er werde nachts kommen und mir die Eingeweide herausreißen. Einmal sagte er zu mir: «Pass auf! Ich könnte auch in dich einziehen.» Und nach einer kurzen Überlegung fügte er hinzu: «Im Körper eines Priesters würde ich mich wahrscheinlich nicht wohl fühlen.» Als mein hartnäckiges Fragen ihn in die Enge trieb, schleuderte er mir den vulgären Ausdruck entgegen: «Du schlägst mir auf die Eier!» Ich entgegnete: «Ich wusste nicht, dass die Dämonen Eier haben.» Und er schlug zurück: «Du Idiot! *Ihr* sprecht so.» Und er schnaubte vor Wut.

Ich befahl Zago, mir zu sagen, wann er und die andern Teufel in die Frau eingedrungen seien. Er erzählte mir Folgendes: «Ich bin an ihrem Hochzeitstag im Jahr 1972 um zwölf Uhr mittags in die Frau gefahren, als sie gerade die Kirche betreten wollte.» Genauso war es gewesen; denn ich selber hatte damals jene Hochzeitsmesse zelebriert. Zago war von einem Mann aus Viterbo, der diese Heirat unbedingt verhindern wollte, mit dieser Mission betraut worden. Dann, um Mitternacht fuhren anlässlich einer schwarzen Messe, bei der ein Tier geopfert wurde, die anderen Dämonen ebenfalls in die Frau.. Nach diesen Enthüllungen erinnerte sich der Ehemann, dass ein Priester am Tag vor der Heirat von einem Mann angesprochen worden war, der diese Hochzeit verhindern wollte. Zago rühmte sich, dass sich in der Nähe der zerfallenen Kirche sein Tempel befände mit einer großen Inschrift: DEM GOTT ZAGO. Als ich den Satz aussprach: «Es komme das Reich Gottes», korrigierte er mich sofort: «Es komme das Reich des Zago.»

Je länger wir mit den Exorzismen fortfuhren, desto mehr machten sich das Unbehagen und die Wehklagen bemerkbar. Wenn ich die Hände auf den Kopf der Frau legte, brüllte und protestierte Zago. Er verstand nichts mehr und schrie: «Du beschmutzest mein Haus, du lässt das Licht herein, du richtest mein Haus zugrunde!» Ich erwiderte, dass das Licht etwas Schönes ist, dass es Leben bedeutet. Doch er schrie laut: «Nein! Die Dunkelheit ist mein Haus.» Er behauptete, dass er sich im Kopf der Frau aufhalte. Auf meine Frage, warum er sich im Kopf aufhalte, antwortete er: «Dort ist der Ort, von wo aus dem ganzen Körper Befehle erteilt werden.» Die Auflegung der Hände versetzte ihn in äußerste Wut. Die Frau hatte eine Beule auf dem Schädel; und er verriet ihr, dass er es gewesen sei, der sie ihr vor langer Zeit zugefügt habe. Ihr Ehemann bestätigte, dass die Beule vor vielen Jahren unversehens hervorgetreten war und alle beunruhigt hatte. Doch die ärztliche Untersuchung hatte nichts Besorgnis erregendes ergeben ...

Ich blies mehrmals als Zeichen des Hauches des Heiligen Geistes über den Körper der Frau. Dann geriet sie in heftige Erregung und schrie: «Brennender Wind!» Sie beklagte sich auch jedes Mal, wenn ich sie mit Weihwasser segnete. Diese heftigen Reaktionen hörten auf, als der Teufel sich am Ende des Exorzismus zurückgezogen hatte.

Indessen vermehrten sich die Drohungen gegen die Frau, weil sie zu beten angefangen hatte. Seit der Heirat hatte sie nie mehr eine Kirche betreten, oder ganz selten, wobei sie dann jeweils ein starkes Unbehagen befiel. Sie betete nicht mehr. Der Teufel hätschelte sie und stundenlang ließ er sie im Kopf klassische Musik hören. Auf meine Frage: «Warum klassische Musik?», antwortete er: «Weil ihr klassische Musik gefällt.» Zudem präsentierte er sich ihr als blonder Jüngling, weil ihr die blonden Typen gefielen. Tagsüber flüsterte er ihr süße Sätze ins Ohr, so dass sie sagte, mit ihm fühle sie sich wohl. In Wirklichkeit hatte sie sich von allen isoliert und lebte ganz in ihrer eigenen Welt.

Wie bei allen Exorzismen, wenn der Teufel es nicht mehr aushielt und keinen Widerstand mehr leistete, entfernte er sich schließlich. Dann trat die Frau aus ihrem Trancezustand heraus und fragte, was sie getan und was sie gesagt habe. Sie wusste nichts von all dem, was geschehen war, nur fühlte sie sich müde und spürte Schmerzen, wie wenn sie am ganzen Körper verprügelt worden wäre. Als sie sich einmal während des Exorzismus heftig hin und her warf, gab ich ihr mit dem schweren Weihwasserwedel unabsichtlich einen Schlag auf den Kopf, so dass eine Beule entstand; doch sie spürte gar nichts. Erst nach dem Exorzismus berührte sie diese Stelle und spürte Schmerzen.

Nach dem Exorzismus sah die Frau, wie der Teufel sich im Zimmer oder im Garten herumtrieb. Das war seine Art, um auszudrücken, dass er sich nicht mehr in ihr befinde. Doch nach einiger Zeit spürte sie von neuem seine Gegenwart in ihr.

Eines Tages nach Beendigung des Exorzismus konnten wir das automatische Gartentor nicht öffnen. Die Frau ging hinaus und bemerkte, dass der Teufel sich zwischen Fernbedienung und Gartentor gestellt hatte. Es genügte ein Segen und das Tor öffnete sich.

Im Sommer ging ich mit den Knaben der Pfarrei in ein Zeltlager in den Bergen. Einmal wöchentlich stieg ich hinunter, um an der Frau einen Exorzismus durchzuführen. Bei meiner Ankunft war die Frau bereits in Trance. Als sie mich erblickte, sagte sie: «Fühltest du dich nicht wohl dort oben? Wozu bist du hierher gekommen?» Dann sprach sie Drohungen gegen mich aus. Nach meinem Aufenthalt in den Bergen nahm ich die täglichen Exorzismen wieder auf. Ich spürte, dass die Macht und die Überheblichkeit des Teufels immer mehr abnahmen. In der Tat begann dieser, Satan anzurufen: «Satan, verlass mich nicht, Satan ist hier gegenwärtig. Satan ist mitten unter uns, hilf mir, Satan!»

Schon seit dem Monat Juli versprach er mir, er werde weggehen. In den ersten Augusttagen erklärte er, er werde am Vortag des Festes Mariä Himmelfahrt ausziehen; dabei präzisierte er seine Aussage: «Wenn du deine Puppe (die Statue der Madonna) herumführst, werde ich ausziehen.» Insgeheim teilte ich der Pfarrgemeinde mit, sie solle beten und fasten und verkündete, dass am Vortag des Festes Mariä Himmelfahrt ein großes Wunder geschehen werde. Ich wies der Frau, ihrem Ehemann und einem Freund einen geeigneten Platz zu, wo die Prozession vorbeiführte. Beim Vorbeizug der Madonna stieß die Frau einen lauten Schrei aus und fiel in Ohnmacht.

Nach dem Gottesdienst fragte sie, was denn vorgefallen sei. Ich erzählte ihr also, dass ich, als ich nach der Prozession in der Kirche weilte, sie mitten in der Menge lächelnd gesehen habe. Umso seltsamer dieses Lächeln, da die Frau seit sehr langer Zeit nicht mehr gelächelt hatte. Da unterbrach ich den Gesang der Litanei und verkündete das geschehene Wunder und wir haben alle dem Herrn gedankt.

Eine Woche lang war alles ruhig. Doch dann verspürte die Frau heftige Schmerzen im Unterleib und auf dem ganzen

Körper bildeten sich Blasen. Auch im Mund waren Wunden entstanden, die sie am Essen hinderten. Gelang es ihr, etwas zu essen, erbrach sie es. Es war schon vorgekommen, dass sie Haarsträhnen, Nägel und sogar Exkremente erbrochen hatte. Außerdem nötigte sie der Dämon, demütigende Handlungen auszuführen. Sie musste, wo immer sie sich gerade aufhielt, urinieren; oder er veranlasste, dass sie die Flaschen, die sie in einem Laden kaufte, vom Ladentisch auf den Boden fallen ließ. Oder dass Blut aus der Nase oder aus dem Unterleib floss.

Die Frau, unterstützt von ihrem Mann, betete. Doch dem Dämon gefiel dies nicht, er wollte es nicht zulassen. Eines Tages während des Exorzismus herrschte er mich wütend an: «Weißt du, was sie getan hat? Sie hat gebetet. Sie darf das nicht tun! Von heute an werde ich ihr viele Schmerzen zufügen.» Seit diesem Tag fanden die Eheleute jeweils unter dem Kopfkissen einen 1000 Lire-Geldschein mit einem Nagel, der bald in die Augen, bald in den Mund oder in die Ohren oder den Hals der auf dem Geldschein abgebildeten Figur eingeschlagen war. Es war dies ein Hinweis darauf, dass die Frau tags darauf an den vom Nagel markierten Stellen furchtbare Schmerzen haben werde. Und so geschah es denn auch.

Einige Tage nach dem Fest Mariä Himmelfahrt war der Dämon Serpente (Schlange) zurückgekehrt und hatte sich im Bauch der Frau eingenistet. Wenn ich meine Hände auf ihren Bauch legte, spürte sie furchtbare Schmerzen. Ich selber spürte unter den Händen etwas Hartes, das sich mir entzog. Und wenn ich darauf drückte, beschwerte sich sogleich der Dämon: «Du erwürgst mich, du erstickst mich.» Ich erwiderte, dass er sich nicht mehr in diesem Körper, der Gott gehöre, aufhalten dürfe. Voll Wut entgegnete er: «Ihr Kopf gehört jetzt dir, doch mir gehört ihr Körper.»

Eines Tages rief mich ihr Mann ganz aufgeregt an und sagte, dass sich eine Schlange um den Hals seiner Frau geschlungen und sie gebissen habe. Ich begab mich sofort dorthin und fand die Frau äußerst aufgeregt; sie lief im Zimmer umher und versuchte etwas, das sie zuschnürte, vom Hals wegzuzerren. Sie sagte, es sei eine Schlange, die sie gebissen hatte. Und tatsächlich, als ich mit Weihwasser helfend eingreifen wollte, bemerkten wir am Hals zwei kleine Löcher. Der Dämon prahlte: Jetzt sei sie gebissen worden und sie werde unvermeidlich sterben. Von nun an gehöre sie ihm und er habe seine Mission erfüllt, die darin bestand, die Frau unter die Erde zu bringen.

Da erzählte ihr Mann ein Ereignis, an das er sich wieder erinnerte: «Vor vielen Jahren sah meine Frau immer wieder eine Schlange auf einem Baum vor dem alten Haus ... Aber nur sie, meine Frau, sah die Schlange.»

Nach dem Biss und den Drohungen vollzog ich zweimal täglich den Exorzismus. Es war Anfang Dezember. Es meldete sich jetzt nur Serpente; er sprach mit einer rauen, tiefen Grabesstimme, die aber mit jedem Tag schwächer und nachgiebiger wurde. Schließlich versprach er, dass er am folgenden Sonntag, am Fest der Immaculata, endgültig ausziehen werde und dass ein ganz eindeutiges Zeichen gegeben werde.

Während dieses Zeitabschnittes vernahm ich eine neue Stimme, die sich während des Exorzismus einschaltete. Mit kräftiger Stimme fragte ich: «Wer bist du?» Eine weibliche Stimme verriet: «Ich bin Vanessa, eine dreiundzwanzigjährige Studentin. Ich studierte an der Universität, wo ich einem begegnet bin, der mich zu schwarzen Messen in der Nähe einer verfallenen Kirche mitnahm. Dort fing ich an, dem Teufel zu dienen. In einer Nacht, als ich berauscht – ich hatte Blut getrunken – die Kultstätte verlassen hatte, überquerte ich eine Straße und wurde von einem Auto überfahren und getötet.» Im Verlauf des Exorzismus fragte ich sowohl Michelle wie Vanessa, ob sie getauft worden seien, und brachte ihnen den festlichen Tag der Erstkommunion in Erinnerung. Sie antworteten mir betrübt, aber auch zornig.

Inzwischen gab es im Haus weitere geheimnisvolle Zeichen. An der Wand, auf den Kissen und Betttüchern war ein Totenkopf, das Zeichen des Todes, dargestellt. Für den Teufel Serpente war es das Zeichen seines Sieges beim Tode der Frau. Doch es waren die letzten Versuche, die er machte. Die Frau war völlig erschöpft, sie hielt es nicht mehr aus, so dass sie beschloss, nicht mehr zu beten und sich keinen weiteren Exorzismen zu unterziehen. Wir überredeten sie dazu, das Exorzismusgebet von Papst Leo XIII. zu sprechen. Für sie war die Anstrengung enorm, weil sie bei den Worten, mit denen man darum bittet, dass der Teufel verschwinde, spürte, wie jemand ihr die Kehle dermaßen zuschnürte, dass sie nicht weitersprechen konnte.

Ich bat den Ehemann zusammen mit seiner Frau, noch mehr zu beten. Auch er machte Kreuzzeichen über den Körper und die Arme seiner Frau, um sie, wenn sie gewalttätig wurde, zu beruhigen. Eines Tages sagte der Dämon zu ihm: «Was machst du denn da? Du bist doch kein Priester!» Es war ersichtlich, dass auch seine Kreuzzeichen ihn belästigten. Bisweilen beklagte sich der Gatte über schlaflose Nächte. Seine Frau konnte ihm dafür eine Erklärung geben. «Aber natürlich, hast du denn nicht bemerkt, dass *er* zwischen dir und mir war?» In einem Zimmer nebenan befand sich ein freies, für etwaige Gäste bestimmtes Bett, worin niemand schlief. Und doch sahen wir auf dem Bett den Abdruck einer menschenförmigen Gestalt, wie wenn jemand darin geschlafen hätte. Auch ich habe es mehrmals festgestellt.

Während dieser langen Monate ereigneten sich noch weitere seltsame Dinge. Eine in einem Safe eingeschlossene Pistole befand sich unvermutet in den Händen der Frau, obwohl der Ehemann den Schlüssel des Geldschranks stets bei sich trug. Die schönsten Kleider der Frau waren durchlöchert und zerrissen. Unbegreiflich war für das Ehepaar, wie so etwas geschehen konnte! Zufällig bemerkte man auch, dass Rosenkränze zerrissen und Heiligenbilder an den Rändern versengt waren. Es geschahen noch viele andere unerklärliche Dinge. Die Ehefrau sah, dass man auf dem Nachttisch die Fotografie ihrer Mutter umgedreht und auf den Kopf gestellt hatte. Ein Bildchen des heiligen Erzengels Michael lag zerfetzt auf dem Boden. Man entdeckte, dass auch das alte Haus aufgebrochen worden war, aber ohne dass Gegenstände gestohlen worden waren. Unter den Kopfkissen befanden sich Ringe und Ohrringe, die nicht den Angehörigen der Familie gehörten. Der Führerschein und die persönlichen Dokumente des Gatten hatten sich in Luft aufgelöst, man weiß nicht wie ...

Ich habe vergessen zu erwähnen, dass die Frau während der Exorzismen unversehens schrie und einen Punkt ihres Körpers berührte; wir schauten hin und entdeckten, dass ein Kreuzeichen in die Haut eingeritzt war, als ob man es mit einer Glasscherbe eingeritzt hätte.

Während der Exorzismen im Monat Dezember erklärte der durch den Misserfolg entmutigte Teufel: «Du hast gesiegt, du hast gesiegt, ich kann hier nicht länger bleiben, es ist zu viel Licht dadrinnen.» Ich bedrängte ihn hartnäckig mit Fragen um zu erfahren, was ihn veranlasse oder gar zwinge, endgültig zu verschwinden. Er antwortete widerwillig: «Das Gebet dieser da; weil sie eine gute Frau ist und weil du viele Male gekommen bist. Ihr habt gesiegt, ich muss gehen.» Ich fragte ihn, wohin er gehen werde, um andere zu belästigen.

Er antwortete: «Ich werde in andere Gegenden ziehen, aber gebt Acht, ich könnte zurückkommen.»

Bei den letzten Exorzismen geschahen zwei seltsame Dinge. Auf der Stirn der Frau zeichnete sich ein blassrotes Kreuz ab. Ich glaubte zunächst, es rührte von einem Lippenstift oder von etwas Ähnlichem her. Ihr Mann berührte dieses Kreuz und stellte fest, dass es Blut war. Wir stellten uns die Frage nach dessen Ursache. Es wurde uns eine erschütternde Antwort gegeben: «Es ist das Blut eines vier Tage alten Säuglings, der mir von dessen Mutter, die in meinem Tempel eine meiner Anhängerinnen ist, geopfert worden ist.» Wir waren sprachlos und entsetzt.

Das zweite Vorkommnis ist folgendes: Während eines Exorzismus sagte mir der Dämon: «Schau nach, was ich deiner Puppe angetan habe.» Im Garten des Hauses befand sich eine Statue der Madonna. Ich gab dem Ehemann ein Zeichen, er solle dort nachsehen. Er kam zurück und meldete mir, dass die kleine Madonnenfigur blutige Tränen hatte. Nach Beendigung des Exorzismus gingen wir alle zusammen in den Garten um nachzusehen. Auch ich stellte diese Tatsache fest. Es war Blut, das aus den Augen der Madonna floss. Wir holten eine Polaroid-Kamera und machten verschiedene Aufnahmen, die ich immer noch aufbewahre. Wir reinigten das Gesicht der Madonna, doch am folgenden Tag wiederholte sich dasselbe Geschehnis.

Am 10. Dezember versprach der Teufel, dass er am nächsten Tag, «am Tag deines Herrn» (es war ein Sonntag) nachmittags während des Exorzismus für immer ausziehen werde. Tags darauf begab ich mich nachmittags um halb vier ins Haus des Ehepaars. Kaum hatte ich das Gebet begonnen, schrie der Teufel: «Ich sehe den Erzengel Michael, wie er mit gezückten Schwert daherkommt ... Da kommt er und ich kann nicht fliehen. Wer ist diese Frau dort in der Mitte des

Lichtes? Er kommt!» Ich schrie meinerseits: «Es ist die Muttergottes!» Und der Dämon fuhr fort: «Es ist ein großes Licht ... Sie hat zwölf Sterne und den Mond unter den Füßen ... Ich kann nicht mehr, ich kann nicht länger hier bleiben.» Dann vernahm man einen Schrei, wie ich ihn in meinem Leben noch nie gehört habe. Die Frau, die aus dem Trancezustand erwacht war, fragte: «Was ist denn passiert?» Wir riefen ihr laut zu: «Es ist zu Ende, es ist zu Ende!» Gerührt und ergriffen umarmten wir uns.

Einige Monate nach der endgültigen Befreiung vom Dämon geschah etwas Ungewöhnliches. Der Ehemann der Frau erblickte auf der wenig mehr als einen Meter hohen Hecke eine große zusammengeringelte Schlange. Er rief einen Nachbarn um Hilfe, der dann mit einer großen Gabel herbeieilte. Mit Schlägen streckten sie die Schlange zu Boden, ohne dass diese dabei reagierte. Sie zerquetschten ihr den Kopf. Der Vorfall schien seltsam, doch der beauftragte Exorzist, der davon in Kenntnis gesetzt wurde, meinte, dass auch dieser ein Zeichen sein konnte. Es sei daran erinnert, dass die Frau, wenn sie nahe bei der Hecke die Wäsche aufhängte, eine Schlange sah. Aber nur sie allein erblickte die Schlange und sie hatte immer Angst, wenn sie sich dieser Stelle näherte.

In den letzten Monaten, als der Teufel die Frau noch in seiner Gewalt hatte, bemerkte ihr Gatte, dass Bargeld und einige Bankaktien verschwunden waren. Außerdem waren bestimmte Mietzinszahlungen nicht beglichen worden. Und doch ging seine Frau jeweils mit einer bestimmten Summe Geld aus dem Haus, dann aber ging dieses Geld seine eigenen Wege. Eines Tages fragte ich den Dämon, wie so etwas geschehen konnte. Er antwortete, er sei es gewesen, der dieses Geld entgegengenommen hatte, um es seinen Anhängern zu geben, die er reich und glücklich machen wollte. Er versprach mir, er werde alles in kleinen Raten zurückerstatten. Als die letzten Tage anbrachen, an denen der Dämon, wie er versprach, verschwinden werde, sagte ich ihm, dass er sein Versprechen nicht gehalten habe, da er noch kein Geld zurückerstattet habe. Er gab zur Antwort: «Glaubst du denn das, was der Teufel sagt und verspricht?»

Ich begleitete den Ehemann zur Bank und zu einer Firma, der die Familie Einzahlungen schuldete. Der Ehemann glaubte nämlich, dass seine Frau sich darum gekümmert hatte. Aber das war nicht der Fall. Sein Bankkonto war praktisch aufgebraucht. Alle Bankgeschäfte erfolgten zwar ordnungsgemäß und regelmäßig, an jene Firma jedoch war nie etwas einbezahlt worden. Der Ehemann sprach alles in allem von einem Gesamtverlust in der Höhe von 20-25 Millionen Lire[2].

Nach all diesen Ereignissen wurde sich der Ehemann all dessen tiefer bewusst, was sich seit dem Tag ihrer Heirat zugetragen hatte. Seine Frau, die früher einen sanften und liebenswürdigen Charakter gehabt hatte, hatte sich zu einem heftigen und streitsüchtigen Temperament hin verändert. Sie war unerträglich geworden. Sie magerte zusehends ab. Der Gatte erinnerte sich auch, dass er an ihr oft ein unbegründetes Frösteln und ein Kribbeln am ganzen Körper wahrgenommen hatte.

Gott sei Dank! Nun ist alles zu Ende; der Friede und das Lächeln sind wieder in dieses Haus eingezogen. Der Frau geht es sehr gut, nur fällt sie hin und wieder in Schwermut. Der Exorzist der Diözese meint, es handle sich um Attacken des Teufels. Er empfiehlt dem Ehepaar, weiterhin zu beten und sich einmal wöchentlich segnen zu lassen.

2 Ungefähr 400.000 Euro

# Eine tief greifende Veränderung

### *Wie haben Sie sich in diesen dreiundzwanzig Jahren persönlich verändert?*

Zweifellos hat mich die Ausübung des Exorzistenamtes sehr gestärkt im Glauben und im Gebet. Anlässlich eines unserer Kongresse zu einer Zeit, da ich noch deren Präsident war und es mir oblag, diese zu organisieren, erklärte ein berühmter Exorzist, den ich eingeladen hatte, Folgendes: «Manchmal macht sich der Teufel einen Spaß daraus, die Sünden des Exorzisten oder irgendeiner anwesenden Person zu enthüllen. Sie können sich etwa vorstellen, wie sehr ich mich bemühe, rein, wirklich rein zu sein, wenn ich exorziere.»

Pater Candido erzählte mir eines Tages, dass ein Priester ihm gestand, dass er an all das Zeug nicht glaube, er glaube weder an den Teufel noch an die Exorzismen und so weiter. Pater Candido erwiderte: «Kommen Sie doch einmal zu mir, um einem Exorzismus beizuwohnen.» In der Scala Santa werden die Exorzismen in der Sakristei durchgeführt. Der Priester kam und stand da , die Hände in den Hosentaschen und schaute – wie Pater Candido erzählte – unbeteiligt und mit einer Miene, die Geringschätzung, ja Verachtung, ausdrückte, dem Geschehen zu. Da wandte sich der Dämon unerwartet an ihn und sagte ihm durch den Mund des Patienten: «An mich glaubst du nicht, aber an die Weiber, an die glaubst du und wie!» Der ungläubige Priester – so erzählte Pater Candido – verzog sich ganz verschämt rückwärts in Richtung der Türe und machte sich davon.

Kurz gesagt, die Ausübung des Exorzistenamtes hat mich im Glauben, im Gebet und selbstverständlich in der Liebe bestärkt.

Glaube, Gebet und Liebe. Und auch ich bemühe mich rein zu sein, damit jener Geselle mir nicht Dinge vorwerfen kann. Während Kardinal Poletti die Urkunde verfasste, die mir die Befugnis zum Exorzieren erteilte, wandte ich mich damals an die Muttergottes und flehte sie um Beistand an: «Hülle mich in deinen Mantel ein und beschütze mich, ich bin dein.» Ich heiße Gabriele; der Erzengel Gabriel ist mein Schutzherr. Ferner verehre ich sehr meinen Schutzengel. Somit habe ich als meine Verteidiger die Muttergottes, den Erzengel Gabriel und meinen Schutzengel. Mehrmals haben die Dämonen zu mir gesagt: «Dir können wir nichts antun, du bist zu geschützt!»

Ich verbringe meine Tage hier in diesem Raum und auch an einem anderen Ort. Man hatte mir nämlich untersagt, hier, wo ich wohne, Exorzismen vorzunehmen, mit der Begründung, dass man die Schreie nicht hören wolle, die die Bewohner erschrecken ... Aber ich tue es trotzdem. Ich arbeite hier von früh bis spät, doch behandle ich hier nur jene Personen, die nicht schreien und nicht in unbändige Wut geraten ... Auch wenn dies gelegentlich doch vorkommt!

## Einige muss man festbinden

### *Wo behandeln Sie die schwierigeren Fälle?*

Zweimal in der Woche gehe ich in die Kirche der Immaculata, die sich im Zentrum Roms befindet, in der Straße Emanuele Filiberto. Diese Kirche gehört zu keiner Pfarrei. Am Morgen nach der Acht-Uhr-Messe wird die Kirche geschlossen und nachmittags um fünf Uhr wieder geöffnet. Ein sehr freundlicher und guter Priester ist der Verwalter dieser Kirche. Er war früher Professor an der Università Lateranense gewesen und ist nun in Rente. Er war ein bedeutender Theologe, der als Professor für Christologie mehrere Bücher über Jesus Christus geschrieben hat. Eine wahre Geistesgröße! Er ist mir gegenüber sehr großzügig; er hat mir die Schlüssel der Kirche übergeben und gewährt mir Gastfreundschaft.

Hier also, in der Sakristei der Kirche, behandle ich zweimal wöchentlich, am Dienstag und am Freitag, die «harten» Fälle. Hier haben wir auch eine eigens dafür bestimmte Liege und die Stricke, um die Patienten festzubinden, falls man sie anbinden muss. Ferner steht da ein Lehnstuhl, denn einige schreien zwar, aber werden nicht gewalttätig. Sie dürfen während des Exorzismus Im Lehnstuhl sitzen bleiben.

Doch gibt es sehr schwere Fälle, bei denen die «Patienten» eine derart gewaltige Kraft entfalten, dass man sie nicht festhalten kann. Nicht einmal sechs Männern gelingt dies. Dann werden sie angebunden, vor allem die Beine. Die Arme hingegen werden im Allgemeinen nicht festgemacht. Die Fälle, in denen wir anbinden müssen, sind nicht zahlreich. Im Allgemeinen genügt es, sie fest- und still zu halten. Dabei helfen mir Männer und Frauen, alle sind Laien. Neben ihrer ganz konkreten physischen Hilfe begleiten und unterstützen sie durch ihr persönliches Gebet auch meine Gebete des Exorzismus. Viele Besessene geifern; zwei der Helfer haben dann die besondere Aufgabe, sie sauber zu machen, was ich oft auch selber tun muss, wenn ich Exorzismen allein durchführe. Auch stört es mich gar nicht, wenn ich zusehen muss, wie die Leute erbrechen.

# Ein geheimnisvoller Fall

Eine ungefähr zwanzig Jahre alte junge Frau kommt fast zufällig zu mir, um eine gleichaltrige Freundin zu begleiten, die mir von einem Pfarrer zugewiesen worden war, weil diese nach seiner Meinung Symptome von dämonischer Behexung und vielleicht sogar von einer eigentlichen Besessenheit aufweise. Nachdem ich über die Freundin, die ich in der Folge weiterhin behandelte, einen Exorzismus vollzogen hatte, erteilte ich der jungen Frau den Segen, damit sie nicht umsonst zu mir gekommen war. Dabei stellte ich einige ein wenig verdächtige Reaktionen fest und vollzog den kleinen Exorzismus, wie ich ihn bei Exorzismen per Telefon anwende. Ich bemerkte, dass sich die Reaktionen etwas verschärften, doch schienen sie mir nicht erwägenswert zu sein.

Als ich dann die beiden jungen Personen und ihre Familienangehörigen den Korridor entlang zum Hausausgang begleitete, bemerkte ich, dass die junge Frau, die ihre Freundin begleitete, nur mit Mühe gehen konnte. Ich stützte sie und bat ihren Vater, dies ebenfalls zu tun. Zum Glück! Denn einige Augenblicke später wäre sie beinahe in Ohnmacht gefallen. Da ich vermutete, dieser Vorfall könnte eine Folge von meinem Segen sein, verabredeten wir einen Termin für die folgende Woche.

Um mich kurz zu fassen: Fünf Exorzismen waren notwendig– fünf Sitzungen, in deren Verlauf die Reaktionen immer stärker wurden – damit das eigentliche Übel, an dem sie litt, in seinem ganzen Ausmaß und seiner Gefährlichkeit manifest wurde. Für die Exorzismen benutzte ich eine gepolsterte Liege, wie ich sie stets für Fälle mit heftigen Reaktionen benutze, weil dieses Möbelstück für die Patienten bequemer ist. Auch ist es müheloser für die vier bis acht Personen, die mir jeweils helfen, die Person festzuhalten und, falls sie geifert, sie zu reinigen. Wie es oft der Fall ist, werden die in die Vergangenheit zurückreichenden Störungen und deren Ursachen allmählich stückweise manifest. Die Eltern und die Tochter selbst behaupteten zunächst, die Übel hätten vor zwei Monaten begonnen. Dann aber wurden Störungen ans Tageslicht gebracht, die sogar vier Jahre zurücklagen, als die Tochter sechzehn Jahre alt war. Nach weiteren Nachforschungen entdeckte ich, dass sie eine Zeitlang von seltsamen Ohnmachtsanfällen heimgesucht wurde, für die die Ärzte keine Erklärung finden konnten.

Typische Symptome wurden mir im Laufe der Sitzungen nach und nach von der Betroffenen selbst erzählt: Einzige Tochter, die wenn sie sich in ihrem Zimmer allein aufhielt, den Eindruck hatte, sie werde beobachtet und dass sich jemand in ihrem Zimmer befand, der sich ihr manchmal näherte und sie sogar berühren wollte. Obwohl sie fromm war und regelmäßig bei einer Gebetsgruppe mitmachte, fiel es ihr immer schwerer zu beten; es störte sie, wenn sie Gebete oder religiöse Gesänge hörte.

Diese Symptome verschlimmerten sich immer mehr. Es gelang ihr nicht mehr, auch nur ein einziges Gebetswort auszusprechen. Sie musste sich von der Schule abmelden. Während der Exorzismen reagierte sie in überaus heftiger Weise. Sie hielt die Augen geschlossen, nahm aber vollkommen wahr, wenn ich meine Hand zum Tisch hin ausstreckte, um das Kruzifix, das Weihwasser oder das Öl in die Hand zu nehmen. Eine Zeitlang stellten sich seltsame neue Reaktionen ein. Zum Beispiel versteifte sie sich gänzlich, wenn sie mein Arbeitszimmer betrat, so dass man sie manchmal tragen musste.

Sehr oft war auch ein Psychiater zugegen, der versuchen wollte, ihr psychotherapeutisch zu helfen. Eine Zeitlang verliefen die psychotherapeutischen Behandlungen ganz normal und regelmäßig. Die junge Frau hatte Vertrauen zu diesem Psychiater. Dann aber, als sie seine Bemühungen nicht mehr als sinnvoll erachtete, weigerte sie sich, die psychotherapeutischen Sitzungen fortzusetzen.

Während der Exorzismen begannen inzwischen die Dämonen zu sprechen. Da sie aber nicht sehr gesprächig waren, musste ich hartnäckig darauf bestehen. Sie nannten ihre Namen und sagten, wann sie ausziehen werden und nannten den Monat, den Tag und die Stunde. Es sind dies die vom Exorzismus-Rituale empfohlenen Fragen. Ich stelle sie immer, auch wenn ich selten wahrheitsgetreue Antworten erhalte. Im vorliegenden Fall war es aber nicht so, am genannten Tag sind sie ausgezogen.

Nach einigen Wochen von scheinbar vollständiger Heilung machten sich einige Störungen wieder bemerkbar, jedoch in abgeschwächter Form. Deshalb setzte ich die Exorzismen fort. Insgesamt benötigte es zwei Jahre und zwei Monate lang Exorzismen, jeweils eine pro Woche und in Momenten akuter Krise jeweils zwei. Was die Ursache des Übels betrifft, ist es einer der seltenen Fälle, in denen ich keine befriedigende Erklärung gefunden habe. Die kleinen Gegenstände, die man im Kopfkissen und in den Puppen gefunden hat, lassen vermuten, dass es sich um eine teuflische Verwünschung handelt ...

# Besessenheit und dämonische Quälereien

***Wenn Ihre «Patienten» zu Ihnen kommen und Ihr Arbeitszimmer betreten, sind diese dann bereits in Wut?***

Manchmal sind sie es. Es kommt vor, dass sie dann von den Angehörigen festgehalten und geführt werden. Es gibt auch Fälle, wo man lacht und scherzt, wo man sich bemüht, in gelöster und heiterer Stimmung zu bleiben. Zwischen zwei Exorzismen wird eine Pause eingeschaltet. Ich erzähle dann einige Witze. Kurzum, es herrscht eine entspannte Atmosphäre.

Während der Exorzismen herrscht natürlich eine Atmosphäre der inneren Sammlung; denn wir beten viel. In den schwierigen Fällen – die aber selten sind – geraten jene Personen, die eine eigentliche Besessenheit aufweisen, in einen Trancezustand. Man spricht von teuflischer Besessenheit, wenn eine Person vom Teufel besessen, das heißt von ihm völlig in Besitz genommen ist. Andererseits gibt es das Geplagtwerden vom Teufel, wenn man den Quälereien und Schikanen des Teufels ausgesetzt ist, wie zum Beispiel im Fall von Pater Pio, der – wie viele Zeugnisse berichten – vom Teufel verprügelt und bis aufs Blut geschlagen wurde, jedoch nie vom Teufel besessen war. Wie es verschiedene Grade der Besessenheit gibt, so gibt es auch verschiedene Grade des diabolischen Geplagt- oder Schikaniertwerdens. Grade von verschiedener Schwere und Gefährdung. Es versteht sich daher von selbst, dass je nach Fall auch die Befreiung von längerer oder kürzerer Dauer sein wird. Daher versteht man auch, wie wichtig und nützlich die Unterstützung von Seiten der Laien ist. Diese gehören meistens Gebetsgruppen an. Sie begleiten mich in meinem Amt, sie helfen mir, vor allem indem sie für diese bedauernswerten Menschen beten, dann aber auch physisch, indem sie die Patienten, falls es nötig ist, festhalten oder ihnen sonstwie behilflich sind.

Was nun die Schikanen und Quälereien betrifft, so treten sie als eine Art von vom Teufel verübter widerlicher Streiche in Erscheinung. Der Teufel ist fähig, wirklich grausame «Streiche» zu begehen, und er leistet sich viele solcher Schikanen. Die Menschen, auf die er es abgesehen hat, haben sehr große Leiden zu erdulden und erfahren Widerwärtigkeiten aller Art. Zum Beispiel: Die Türen und Fenster ihrer Häuser oder Wohnungen schließen und öffnen sich von selbst. Die Elektrogeräte schalten von selbst ein und aus. Die elektrischen Installationen fallen aus. Das Telefon läutet, doch niemand antwortet am anderen Ende des Drahtes. Der Fernsehapparat schaltet von selbst ein und schaltet später wieder aus. Der Teufel hat seinen Spaß an Streichen! Ich nenne solche Phänomene Störungen; es sind die harmlosesten Formen teuflischer Quälerei. Es gibt jedoch gravierendere Störungen: Viele Menschen haben an schweren körperlichen Störungen zu leiden, die kein Arzt zu diagnostizieren und noch weniger zu heilen vermag.

# Schwarze Flecken

Ein Mann, seine Frau und ein Neffe führen zusammen mit zwei Angestellten einen Supermarkt. Kurz nach der Eröffnung des Betriebes verspürten alle beim Betreten des Ladens ein anhaltendes Kopfweh. Wenig später bildeten sich an ihren Armen schwarze Flecken, die dann rot wurden und auch sehr schmerzhaft. Diese Flecken verbreiteten sich weiter am Hals, an den Beinen, ein wenig überall.

Ständig gab es Betriebsstörungen, die Apparate waren, fast einer nach dem anderen, defekt. Entweder ging der Kühlschrank kaputt oder das Tiefkühlfach oder die Registrierkasse mit den Kassenzetteln ... Oft wurde die Ware wie von unsichtbaren Händen verlegt, oft sehr weit weg von der ursprünglichen Stelle. Die Eingangstüren verklemmten sich oder öffneten sich von selbst. Kurzum, es gab immer etwas, das nicht funktionierte. Wenn der Monteur herbeigerufen wurde, um die Pannen zu beheben, konnte er keine Defekte feststellen. Kaum war er fortgegangen, ging es mit den Pannen wieder los.

Als die Familie mich anrief, versprach ich ihr, dass ich kommen und eine Segnung des Betriebes vornehmen würde. Ich verlangte von ihnen, dass sie vorher ihre Seele durch eine gute Beichte in Ordnung bringen und sich zu einem Leben aus dem Glauben verpflichten würde. Danach exorzierte ich alle im Supermarkt beschäftigten Personen und auch die Geschäftsräume. Auch verrichtete ich ein besonderes Gebet, damit jegliche Behexung oder Verwünschung zerschlagen würde. Zudem stellte ich – stets betend – an verschiedenen Stellen im Laden mehrere mit Weihwasser und exorziertem Salz gefüllte Gläser auf. Schon nach einem Tag war das das Salz aus fünf Gläsern ausgetreten und auf den Boden gefallen; an den drei anderen Stellen hatte sich nichts ereignet.

Alle fünf Hauptpersonen machten mich auf eine Frau aufmerksam, die alles Erdenkliche unternommen hatte, um die Eröffnung des Ladens zu verhindern, und die im gleichen Gebäude wohnte. Die Frau kam jeden Tag in den Laden und, ohne jemals etwas gekauft zu haben, verließ sie ihn wieder. Sie blieb jeweils länger bei den Stellen stehen, wo die Gläser aufgestellt waren, aus denen das Salz ausgetreten war – sie erweckte den Eindruck, als suchte sie etwas. Das exorzierte Salz war in kleinen Mengen überall verstreut. Die Inhaber und die Angestellten des Ladens beteten viel, erneuerten ihr Gelöbnis, dem bösen Feind und allen seinen Nachstellungen zu widersagen, wiederholten die Gebete gegen dämonische Verwün-schungen, erneuerten ihr Taufgelübde. An einer gut sichtbaren Stelle stellten sie ein Bild des Barmherzigen Jesus auf und machten sich zur Gewohnheit, jeden Morgen vor Beginn der Arbeit gemeinsam ein Gebet zu verrichten.

Eines Tages, als ich den Laden betrat, trat auch bei mir am Arm ein schwarzer Fleck auf, der dann rot und sehr schmerzhaft wurde. Doch wurde ich davon schnell geheilt, nachdem ich den Arm mit exorziertem Öl bestrichen hatte.

Nach nur vier Exorzismen – aber mit wie viel Gebet! – hörten alle Scherereien und Widerwärtigkeiten auf. Die Geräte funktionierten wieder normal. Jene Frau ließ sich nicht mehr sehen. Man arbeitet wieder in Ruhe und Frieden.

# Ein Fall von satanischer Quälerei

### *Könnten Sie mir ein anschauliches Beispiel von satanischer Quälerei geben?*

Ich erinnere mich zum Beispiel an den Fall einer Person, die ununterbrochen Kopfweh hatte, ohne dass ein ersichtlicher Grund vorlag, und an einen anderen Fall von einer Person, die ständig starkes Bauchweh hatte. Die betreffenden Personen konnten nichts mehr tun und nachts nicht mehr schlafen ... Oft unterziehen sich diese Leute ärztlichen Untersuchungen und Labortesten, doch die Ärzte stellen keine Spur von Krankheit fest.

Ich erinnere mich besonders an ein siebzehnjähriges Mädchen, das ich exorziert habe. Es war in verschiedene psychiatrische Kliniken Europas eingeliefert worden, aber nirgends konnte man eine Ursache ermitteln. Die Unglückliche litt auch in geistiger Hinsicht. Sie konnte nicht mehr richtig denken, konnte nicht mehr studieren; es gelang ihr nicht einmal, sich auf etwas zu konzentrieren. Zudem fluchte sie. Beten, das kam für sie nicht in Frage, noch weniger, eine Kirche zu besuchen. Sie litt körperlich, denn sie spürte überall Schmerzen, die aber physisch unbegründet waren. Ich wiederhole: Verschiedenen europäischen Kliniken war es nicht gelungen, eine Ursache herauszufinden. Ich kenne zahlreiche Fälle von Personen, die verschiedene Kliniken in Italien aufgesucht haben, und eine Menge ärztlicher Gutachten, die von Spezialisten unterzeichnet wurden. Und doch stellte sich dabei nie etwas heraus, das möglicherweise Ihr Kranksein unter einem medizinischen Gesichtspunkt erklären könnte. Und doch leiden diese Menschen fürchterlich.

Jedenfalls kam dieses siebzehnjährige Mädchen eines Tages zu mir in mein Studio. Nun ermöglicht der Exorzismus eindeutig festzustellen, ob ein vom Teufel verursachtes Übel vorliegt oder nicht. Schließlich geht es um die Frage: Handelt es sich um eine direkte Präsenz des Teufels oder um ein vom Teufel verursachtes Übel? Die zu Beginn vollzogenen Exorzismen haben gewissermaßen eine diagnostische Eigenschaft. Ich glaube, dass allein der Exorzismus es ermöglicht, mit Sicherheit zu erfahren, ob eine Präsenz der Teufels vorliegt oder nicht.

Ich habe es mit mehreren Fällen zu tun gehabt, die mir von Psychiatern zugewiesen worden sind. «Sehen Sie doch mal nach, ob Sie aus dieser Sache klug werden», schrieben sie mir. Am Ende des Exorzismus gebe ich dann bekannt, dass es sich um ein Übel handelt, das zu erklären und entsprechend zu behandeln der Wissenschaft noch nicht gelungen ist. Oder ich erkläre stattdessen, dass es sich eben um eine Krankheit sui generis, nämlich von diabolischer Natur handelt.

Viele Patienten wandten sich an mich gewendet, nachdem sie zuvor einen Arzt konsultiert hatten. Ich habe mir zum Prinzip gemacht, dass jene, die mich aufsuchen, ein Zertifikat vorweisen müssen, das bescheinigt, dass sie sich gründlichen Untersuchungen durch Fachärzte unterzogen haben. Leidet ein Mensch an einer Krankheit, dann soll er immer zuerst den Arzt aufsuchen.

Wenden wir uns wieder dem Fall des Mädchens zu, von dem wir vorher sprachen. Nach meiner Meinung handelte es sich um eine teuflische Belästigung, somit um einen «leichteren» Fall im Vergleich mit einer eigentlichen Besessenheit. Es war jedoch eine heftige Belästigung, die sie am ganzen Körper erfasste und vor allem ihre geistigen Fähigkeiten stark beeinträchtigte.

Die Befreiung gelang, doch brauchte sie viel Zeit. Je länger der Dämon sich irgendwo aufhält, umso tiefer treibt er dort seine Wurzeln. Deshalb wendet sich der Priester beim ersten Exorzismus an den Herrn und bittet Ihn um seine Hilfe, um den Dämon zu «entwurzeln» und zu vertreiben. (Ich benütze dabei das alte Rituale; das neue habe ich vernichtend kritisiert mit Ausnahme des ersten Teiles, der sehr schön und sehr gut verfasst ist.) Es gibt aber auch Fälle von dämonischer Belästigung und «Verseuchung», die in ziemlich kurzer Zeit zu einem glücklichen Abschluss gelangen.

# Unbehagliche und lästige Gäste

***Sprechen wir noch über dämonische Belästigungen (Infestationen) und «Verseuchungen», die die unterste Stufe des außergewöhnlichen Wirkens des Teufels darstellen, gefolgt – wie bereits gesagt – von den Quälereien und dann von den fürchterlichen Fällen der Besessenheit.***

Um über dämonische Belästigungen (Infestationen) zu sprechen, muss ich auf verschiedene Erfahrungen von dämonischen «Verseuchungen» von Häusern und Orten (loca infesta) zurückkommen. Ich will von zwei Fällen berichten.

Erster Fall: Ich wurde gebeten, mich zu einem Haus zu begeben, das von einem jungen Ehepaar und ihrem zwölf Monate alten Töchterchen bewohnt war. Sie vernahmen nachts seltsame Geräusche in den Wandschränken, Schläge gegen die Rolläden, die Heizkörper und Elektrogeräte. Was sie aber am meisten erschreckte, war die Tatsache, dass ihr Töchterchen jede Nacht zur gleichen Zeit aus dem Schlaf auffuhr und zu weinen begann. Es war ein zierliches, eher schwächliches Kind und hatte noch nicht zu sprechen begonnen.

Die Eltern beteten und gingen regelmäßig zur Messe. Da mich eine zufällige Äußerung von ihnen hellhörig machte, bat ich sie um weitere Auskünfte über ihre Verwandten. Sie sagten mir, dass jedes Mal, wenn die Tanten der Kleinen ein Geschenk brachten, die Geräusche stärker wurden. Beide Tanten waren Kartenlegerinnen. Bei meinen Besuchen stellte ich fest, dass das Kind immer deprimierter wurde. Es schlief nicht, aß wenig und verbrachte den Großteil der Nacht weinend und versteckte sich unter der Decke. Wenn ich das Haus segnete, hörten die Geräusche auf, doch nur für ein oder zwei Tage.

Ich beschloss daher, im Hause eine Messe zu zelebrieren, woran auch einige der Familie nahe stehende Ordensschwestern und einige Mitglieder von Gebetsgruppen teilnahmen. Nach der Messe besprengte ich das ganze Haus mit Weihwasser, wobei ich im Namen Gottes dem Dämon befahl, diesen Ort für immer zu verlassen. Seit diesem Tag ist jegliches Geräusch verschwunden. Das Kind erholte sich und blühte sichtbar auf. Alles hat sich wieder normalisiert.

Zweiter Fall: Ein Mann war seit einem Jahr tot. Diese Person hatte ein gottvergessenes Leben geführt. Wegen seiner Bosheit war er bei allen unbeliebt.

Ich wurde von der Witwe und den Töchtern des Verstorbenen herbeigerufen. Es hatten sich nämlich seltsame Dinge in ihrem Haus ereignet. Sie sahen, wie goldene Gegenstände, die vor der Fotografie des Verstorbenen aufgestellt waren, weiß wurden, und dass Nippsachen verschwanden. Ich kannte den Verstorbenen und dachte, er bedürfe wohl des fürbittenden Gebetes. Ich ließ daher einige Messen lesen. Nach einigen Tagen der Ruhe machten sich die seltsamen Phänomene von neuem bemerkbar, jedoch viel schlimmer als vorher.

Eine seiner Töchter war verheiratet und hatte ein zweieinhalbjähriges Kind. Jede Nacht zur gleichen Stunde fuhr es aus dem Schlaf auf und begann zu schreien. Auf Verlangen der Familie segnete ich mehrmals das Haus. Doch die Ruhe dauerte nur wenige Tage. Ich beschloss, eine Abendmesse zu zelebrieren, wozu ich auch die Verwandten und die Nachbarn einlud. Zuerst beteten wir gemeinsam den Rosenkranz. Während dieses Gebetes zeigte das Kind eine Nervosität wie nie zuvor, wobei es auf dem Bett hin und her sprang, wobei es den Anwesenden ärgerliche Streiche spielte. Vor allem mit dem Rosenkranz trieb es Schabernack. Es störte auch den Beginn der Messe. Während des Evangeliums – ich hatte jene Stelle ausgewählt, in der Jesus einen Dämon austreibt – blieb es stehen und bewegte sich nicht mehr. Unmittelbar nach der Wandlung schrie das Kind: «Mama, der hässliche Dingsda hat sich aus dem Fenster gestürzt!» Das war das Zeichen der Befreiung von der dämonischen Präsenz, die dieses Haus verseuchte. So kehrte endlich Ruhe und Frieden in dieses Haus ein.

# Ein nie aufgedeckter Mord

Von einem weiteren Fall von dämonischer «Verseuchung» berichtet folgendes Zeugnis.

Ein Ehepaar mit einer Tochter bewohnt ein Pförtnerhaus, das neben einer großen vornehmen Villa steht. Der Ehemann ist als Hausmeister für dieses herrschaftliche Landhaus angestellt. Seit vierzehn Jahren, dass heißt seitdem die Familie diese Arbeit verrichtet und in diesem Haus wohnt, erlebt und erleidet sie hier die unglaublichsten Dinge. Ich muss noch anmerken, dass in der Nähe der Villa ein Schloss stand, das später verfiel und wovon nur noch ein Turm erhalten ist. Die Dinge, die sich hier ereignet haben, erinnern zwar an ähnliche Fälle von dämonischer «Verseuchung», doch sind sie von viel größerem Ausmaß. Zudem sind hier die drei Personen der Pförtnerfamilie, das Haus und die Tiere von den Belästigungen betroffen. Ich nenne hier nur die wichtigsten. Das Licht, der Fernsehapparat, das Radio, die elektrischen Hausgeräte schalten von selbst ein und aus in den unvorhersehbarsten Momenten. Die Hähne drehen von selbst auf und zu, ohne dass jemand sie berührt. Die Bilder reißen sich von der Wand los und fliegen durch das Zimmer zur gegenüberliegenden Wand, ohne dass jemals das Glas oder der Rahmen zerbricht. Möbel kippen um oder verschieben sich. Ferner hört man nachts laute Schläge, die die Familie aufwecken und in Schrecken versetzen. Oder sie hört lärmende Schritte wie von marschierenden Soldaten. Wasser fließt aus der Küche und Esszimmer trennenden Zwischenwand, die ohne Rohrleitung ist; das ausfließende Wasser überschwemmt beide Räume. Seltsame Zeichnungen, die Gesichter darstellen, bilden sich auf den Fensterscheiben. Türen und Fenster öffnen und schließen sich mit großem Lärm, ohne dass jemand sie berührt ...

Sowohl die Eheleute wie die Tochter sind gute Christen mit einem tiefen, vom Geist des Gebetes getragenen Glauben; sie verfügen über einen gesunden Menschenverstand, sind geistig gesund und ihre Aussagen sind vollkommen glaubwürdig. Sie nehmen auch oft Unruhe und Verwirrung stiftende Präsenzen wahr. Es handelt sich nicht etwa um kleine Widerwärtigkeiten!

Die Frau wurde mehrmals aus dem Bett gerissen und auf den Boden geschleudert. Ihr Mann fühlte sich mehr als einmal wie verprügelt. Die Tochter, die aus ihrem Zimmer trat, um ins Erdgeschoss hinunterzusteigen, wurde hochgehoben und mit einem heftigen Stoß die Stiege hinuntergestoßen. Sie erlitt mehrere Prellungen. Die Familie besaß dreißig gesunde Legehennen. Eines Tages bemerkten sie, dass die Hühner auf dem Boden mühsam krochen, unfähig auf ihren verkrümmten und gelähmten Beinen zu stehen und zu laufen; immerhin konnten sie sich noch ernähren. Die Hauskatze, die sonst fügsam und zärtlichkeitsbedürftig war, wurde plötzlich wild und sprang auf ihre Besitzer los, um sie zu beißen und zu zerkratzen. Oft hatte die Frau den Eindruck, dass man sie anbinde, sie glaubte zu ersticken und konnte sich nicht mehr rühren. Ich könnte noch viele andere seltsame Dinge erwähnen. Diese Phänomene ereigneten sich bald in ihrem Pförtnerhaus, bald in der herrschaftlichen Villa.

Der Exorzismus wurde an beiden Orten durchgeführt. Es ist noch zu erwähnen, dass der Eigentümer, ein Hobbymaler, Bilder malte, die entsetzliche, grauenvolle Szenen darstellen, Bilder voller Skelette, Teufel und vermummter Kapuzen tragender Wesen.

Mir selber ist noch etwas Merkwürdiges zugestoßen. Drei Tage nach der Durchführung des Exorzismus an den beiden Gebäuden, als ich mich in neunzig Kilometern Entfernung von diesem Ort befand und damit beschäftigt war, eine besessene junge Frau zu exorzieren, sprach der Teufel durch den Mund dieser Frau zu mir: «Du willst mich verjagen? Geh, geh nur, du brauchst dich aber gar nicht zu beeilen, so bald wird jener dort (der Verstorbene?) nicht fortgehen. Man hatte ihn ermordet, um in den Besitz seiner Erbschaft zu gelangen.» Und er begann zu lachen und zu grinsen. Als die junge Frau wieder zu sich kam, hatte sie das Bedürfnis, eine Skizze von einer Person zu zeichnen, die ihr während des Exorzismus erschienen war. Sie zeichnete das Gesicht eines alten Mannes mit Bart. Als ich diese Skizze den Bewohnern des Pförtnerhauses zeigte, erkannten alle Drei das Gesicht des alten Mannes, das sie auf den Fensterscheiben ihrer Wohnung gesehen hatten. Ich muss noch anmerken, dass die Pförtnerfamilie die junge Frau, die ich exorzierte, nicht gekannt hatte und ihr auch nie begegnet war.

Die Frage, die sich nun stellt, ist folgende: Stellen wir uns eine büßende, unruhige Seele vor, wie zum Beispiel die eines Geizhalses, den man ermordet hat, um in Besitz seines Erbes zu gelangen. Ist es möglich, dass diese Seele eine Familie derart und so lange belästigt, damit für sie Fürbitte geleistet und sie befreit wird?

Was diesen bestimmten Fall betrifft, der noch nicht gelöst worden ist, bin ich dennoch zuversichtlich. Denn ich bin an einem anderen Ort in derselben Provinz einem ähnlichen Fall begegnet. Dort waren die Bewohner eines Hauses von unerklärlichen Geräuschen und seltsamen Phänomenen belästigt worden. Aufgrund von Untersuchungen und Nachforschungen erfuhr man, dass dieses Haus auf dem Gelände, wo fünf Zuaven getötet und begraben worden waren, gebaut worden war. Man ließ zehn Messen zur Fürbitte für diese Soldaten lesen. Zudem wurde an diesem Haus ein Exorzismus vorgenommen. Gleich darauf haben die Störungen aufgehört. Hoffentlich für immer.

# Früher befasste ich mich nicht mit dem Teufel

***Was hielten Sie vom Teufel, bevor Ihnen Kardinal Poletti dieses Amt anvertraut hat?***

Um die Wahrheit zu sagen, ich kümmerte mich überhaupt nicht um ihn. Natürlich wusste ich, dass er existiert; ich glaubte an das Evangelium. In meiner Heimatstadt Modena habe ich nie etwas über Exorzismus gehört ... Übrigens sprachen damals viele Priester praktisch nie über diese Dinge, weder über den Teufel noch über Besessenheit und Exorzismus.

Ich bin im Jahr 1954 – einem marianischen Jahr, dem Jahr der Jahrhundertfeier des Dogmas von der Unbefleckten Empfängnis – zum Priester geweiht worden. Es sind seither über fünfzig Jahre vergangen. Aber damals wie heute ist die Ausbildung der Priester überaus wichtig. Wer sich zum Priestertum vorbereitet, sollte unbedingt auch über die Realität des Teufels und über den Dienst des Exorzismus unterrichtet werden. Heute gilt das noch viel mehr, da sehr viele Jugendliche nicht mehr in die Kirche gehen, sondern eher an spiritistischen Sitzungen teilnehmen, Magier und Kartenlegerinnen u.s.f. konsultieren. Ich halte es daher für sehr wichtig, die Jugendlichen darüber aufzuklären, um sie vor Gefahren zu schützen. Und um sie darüber aufzuklären, bräuchte es dazu gut vorbereitete Priester. Leider weiß ein Großteil des Klerus wahrhaftig wenig über diese Themen ...

An jenem Tag, als ich mit einem eindeutigen Fall von Besessenheit konfrontiert wurde, habe ich verstanden, dass die Realität des satanischen Wirkens und des exorzistischen

Gebetes kein Relikt aus der Vergangenheit ist und dass man sie keinesfalls auf längst vergangene Zeiten oder nur auf die Zeit Jesu beschränken darf. Es gibt diese Realität ebenso gut auch heute. Satan ist heute mehr denn je aktiv und versucht, die größtmögliche Zahl von Seelen in den ewigen Tod zu treiben.

Seit den Anfängen meiner Tätigkeit als Exorzist habe ich verstanden, dass es zwei entgegengesetzte Kategorien von Besessenen gibt, nämlich diejenigen, die es aufgrund ihrer eigenen Verfehlungen sind, und jene, die es aufgrund ihrer Liebe zu Gott sind. Die Heilige Schrift und die Tradition bestätigen dies.

Ich erinnere mich an einen Fall, der mich persönlich sehr berührt hat. Es betrifft einen ausgezeichneten Seminaristen. Da ich es versäumt hatte, ihn zu exorzieren, hat er das Priesterseminar nach zwei Jahren verlassen und schließlich die Berufung verloren. Es handelte sich um eine sehr delikate und auch schmerzliche Angelegenheit, über die ich mich nicht weiter äußern möchte. Doch kann ich sagen, dass dieses Erlebnis für mich ein großer, aber auch aufschlussreicher Schock war, der mir das Wirken Satans zu verstehen gab, besonders wenn dieses darauf abzielt, geweihte Personen heimzusuchen. In den darauf folgenden Jahren habe ich mit dem Exorzismus viele Berufungen von Seminaristen, Priestern, Ordensmännern und Ordensfrauen gerettet.

# Zwei Fälle von Besessenheit

Mir kommen besonders zwei Fälle in den Sinn, bei denen es um teuflische Attacken gegen geweihte Personen oder Geweihten nahe stehende Gläubige ging. Ich gebe hier die Aussagen der an diesen Fällen als Zeugen beteiligten Priester wieder.

«Ich gab den Schwestern eines Frauenordens Exerzitien, als mich die Oberin wegen einer Schwester um Hilfe ersuchte. Diese Schwester scheine stigmatisiert zu sein, ich möge mich doch um sie kümmern. Bei dieser Schwester, so sagte die Oberin, träten auch ernsthafte Probleme des Verhaltens auf, so dass dadurch das Leben der Gemeinschaft stark gestört werde. Sie gebrauche eine für eine Ordensschwester völlig ungeziemende Redeweise, die man gewiss nicht von einer Person, die wahrhaftig an den Leiden Christi Anteil nimmt, erwartet hätte.

Nach viel Gebet und langem Überlegen entschloss ich mich, für die Befreiung der Schwester zu beten. Sie wurde schließlich von der diabolischen Unterjochung befreit. Ihr Benehmen und ihre ungebührliche Redeweise wurden wieder normal, die Stigmata verschwanden. Sie hatte in der Tat nicht die Gnade der echten Anteilnahme am Leiden der Passion Christi, sondern ihre Schmerzen waren vom Teufel verursacht…»

«In Bombay suchte mich ein Priester in Begleitung seiner Mutter auf, um mich um Rat bezüglich seines Bruders zu fragen. Dieser war vierunddreißig Jahre alt und hatte seine Universitätsstudien in den Vereinigten Staaten gemacht. Während dieser Zeit hatte er mit einer neuen religiösen Bewegung Kontakt aufgenommen. Nach einiger Zeit gab er auch seine Zusage, an deren Seminaren teilzunehmen. Schließlich trat er dieser Sekte vollends bei.

In der internen Rangordnung dieser Sekte kam er rasch voran. Ihm wurde von der Sekte nahe gelegt, eine Frau zu heiraten, die in dieser Bewegung eine wichtige Rolle spielte. Er aber erklärte, dass er eine andere Frau heiraten wolle. Doch diese wurde noch am Hochzeitstag von Mitgliedern der Sekte gelyncht. Diese Tat zerstörte ihn körperlich und psychisch. Zum Glück hatten sich seine Eltern in die Vereinigten Staaten begeben, da sie sich um ihren Sohn, der außerhalb des katholischen Glaubens und der katholischen Gemeinschaft heiraten wollte, Sorgen machten. Sie brachten ihn nach Indien zurück. Dort aber sahen sie sich mit einem Erpressungsversuch der Sekte konfrontiert, die eine große Geldsumme forderte. Um dieser Forderung nachzukommen, hätte einer seiner Brüder alle seine Güter verkaufen müssen. Inzwischen lebte die ganze Familie in Angst und Schrecken. Sie fürchtete, Mitglieder dieser Sekte, die nicht einmal vor einem Mord zurückschreckten, könnten sie überfallen.

Als ich gebeten wurde, mich mit dem jungen Mann zu treffen, fand ich ihn in einem ganz erbärmlichen Zustand. Er hatte sich in seinem Zimmer eingeschlossen, das er nie verließ. Er wusch sich nicht, pflegte seine Fingernägel nicht mehr und aß nicht zusammen mit seinen Angehörigen. In seinem Zimmer lagen überall Schmutz und Unrat. Und er sprach mit unsichtbaren Personen.

Sein Bruder, der Priester ist, meinte, dass eine psychiatrische Behandlung nötig sei, wollte aber zuerst meinen Rat erfahren. Zusammen mit einer Gebetsgruppe ging ich in das Haus der Familie. Einige Minuten vor unserer Ankunft hatte sich der junge Mann in seinem Zimmer eingesperrt, obwohl ihn niemand von meinem Kommen benachrichtigt hatte. Da es uns nicht gelang, dieses arme Opfer dazu zu überreden, dass er uns die Türe öffne, beschlossen wir, zusammen mit den Familienangehörigen zu beten. Einer Eingebung folgend sprach ich ein Befreiungsgebet vor der verschlossenen Tür. Ein Gebet, in das ich auch ein besonderes Bittgebet für die Befreiung des Gründers der Sekte einschloss, wobei ich auch dessen Namen erwähnte.

Dem Anschein nach geschah an diesem Tag nichts. Am darauf folgenden Tag riefen mich die Eltern überglücklich an und erzählten mir, dass ihr Sohn endlich aus seinem Zimmer herausgekommen und im ganzen Haus herumgegangen sei, sogar aufs Dach, auf der Suche nach dem Gründer jener Bewegung (der übrigens bereits tot war). Da er diesen nicht fand, habe er beschlossen, sich zu waschen, die Fingernägel zu pflegen und sich die Haare schneiden zu lassen. Er hatte wieder sein normales Aussehen zurückerhalten, und zum ersten Mal nach Monaten aß er wieder zusammen mit seinen Familien-angehörigen. Auch akzeptierte er den Vorschlag, sich für eine Zeit der Rekonvaleszenz nach Goa zu begeben. Dort lebt er noch heute, dort hat er auch eine Stelle gefunden und führt ein normales und ruhiges Leben.»

# Ein behexter Priester

Man hatte mich zu einem anspruchsvollen Treffen von Hochschuldozenten eingeladen. Das Thema, über welches mit informativer und wissenschaftlicher Absicht diskutiert wurde, lautete: Magie und Behexung. Spezialisten aus verschiedenen Ländern Europas hatten zu diesem Thema ausführlich gesprochen. Ich selber wurde eingeladen, um über die Magie in unserer Zeit zu sprechen. Nach meinem Vortrag suchte mich ein Mann auf, der an der Konferenz teilnahm, und teilte mir im Vertrauen sein Leiden mit. Er sagte mir Folgendes:

«Was Sie erklärt haben, entspricht genau dem, was ich gerade durchlebe. Ich bin Priester und mir ist Folgendes passiert. Ich war als Missionar in einer großen afrikanischen Stadt tätig. Ich ließ dort mehrere Häuser bauen mit der Absicht, eine «Stadt» für die Knaben zu gründen. Dazu bediente ich mich einer Mannschaft von Arbeitern aus der Gegend. Ich hatte das Glück, eine große Spende von einer internationalen Organisation zu erhalten. Mit diesem Geld stellte ich eine zweite Mannschaft von Arbeitern an, die ich aus einem anderen Volksstamm holte. Als ich die Arbeiten beendet hatte, sagte mir ein Arbeiter aus der zweiten Mannschaft: «Herr Pater, schlafen Sie nicht in diesen Häusern; Sie werden Probleme haben. Seien Sie vorsichtig!» Er hob die Platten des Fußbodens hoch und zeigte mir seltsame Gegenstände, Fetische. Dann kratzte er an einer Stelle die Tapete ab und zeigte mir weitere seltsame Gegenstände. Dann fügte er hinzu: «Herr Pater, es sind dem Teufel geweihte Gegenstände, sie sind von der anderen Arbeiterequipe hingelegt worden. Diese Arbeiter sind wütend auf uns, weil wir von einem anderen Volksstamm sind und weil Sie uns angeworben haben. Sie haben Rache geschworen und wollen

Sie töten.» Als vernünftiger und rational denkender Europäer nahm ich diese Warnung nicht ernst; im Stillen lachte ich über diese Naivlinge.

In der folgenden Nacht schlief ich in diesem Haus; genauer gesagt, ich konnte überhaupt nicht schlafen. Ich wurde von allen möglichen Bildern und verrückten Ideen geplagt, so dass ich unmöglich schlafen konnte. Nach einigen schlaflosen Nächten wurde ich vom Verlangen nach Selbstmord gequält. Man brachte mich ins Spital. Es gelang den Ärzten, mich vom Selbstmord abzuhalten. Alle medizinischen Untersuchungen und Analysen erwiesen sich als okay und die psychologischen Tests erklärten mich für geistig vollkommen gesund. Meine Ordensoberen schickten mich in die Heimat zurück. In Frankreich wurde ich während Jahren erfolglos zwischen Kliniken und Spitälern hin und her geschoben. Dann wurde ich von einem Heim für kranke Priester aufgenommen, obwohl man bei mir keine Krankheit feststellte. Jetzt wohne ich in einem Heim für alte und kranke Priester. In den Symptomen, die Sie beschrieben haben, erkenne ich mich wieder.»

Obwohl ich sehr müde war, sprach ich ein langes Befreiungsgebet über diesen leidenden Priester. Er warf sich unruhig hin und her, doch betete auch er mit aller Kraft. An jenem Abend gelang es mir nicht, ihn vom dämonischen Einfluss zu befreien. Tags darauf machten wir einen neuen Versuch; das Befreiungsgebet dauerte lang, doch schließlich wurde er befreit. Er verließ das Heim für alte und kranke Priester. Und mit der wiedergewonnenen jugendlichen Kraft kehrte er wieder nach Afrika zu seiner Missionsstation zurück. Hin und wieder schreibt er mir. Seit vier Jahren ist er nun wieder unbehindert missionarisch tätig. Seine Befreiung war eine endgültige.

# Eine gerettete Berufung

*Hier nun das Zeugnis eines «Opfers»...*

«Ich schreibe im Gehorsam, weil man es von mir verlangte. Doch glaube ich, dass mein Zeugnis – was das Verständnis und das richtige Verhalten betrifft – auch anderen helfen kann. Die ersten Symptome machten mich fassungslos. Sie zeigten sich eines Abends als ich zu Bett ging und das Licht ausgelöscht hatte. Plötzlich überfielen mich Angst und Schrecken, begleitet von einer fieberhaften Erregung der Sinne und von innerer Unruhe. Meine Reaktion bestand darin, dass ich mich auf der Suche nach Gott ins Innerste meiner selbst versenkte und zur heiligen Jungfrau Maria betete. Es brauchte viel Zeit, bis mir klar wurde, dass ich Attacken ausgesetzt war, deren Ziel es war, mich dahin zu treiben, das sechste Gebot zu übertreten. Später, als sich diese Phänomene beim Zubettgehen wiederholten, bin ich regelmäßig während der ganzen Nacht versucht worden. Das Sakrament der Vergebung gab mir die Kraft, den Versuchungen zu widerstehen; denn wenn man diesen nachgibt, setzt sich die Gewohnheit – trotz vielem Gebet – hartnäckig fest.

Das zweite Symptom war die innere Unruhe und Verwirrung, die mich zu Beginn der gemeinsamen Gebete während des morgendlichen Stundengebetes befielen und die sich bis zu Versuchungen zur Verzweiflung und zum Selbstmord steigerten. Mein Spiritual erklärt mir beruhigend, dass dies zum geistlichen Kampf gehöre. Wer mir aber wirklich geholfen hat, war der Pater Exorzist, der sich um mich kümmert und regelmäßig per Telefon mit mir spricht. Während längerer Zeit hatte ich große Mühe beim Studium sowie auch Probleme beim Essen. Beim Stundengebet in der Kapelle nahm ich stinkende Gerüche wahr, auch hatte ich den Eindruck, dass das Weihwasser, das ich in einer Flasche aufbewahre, nach Fäulnis roch, dass es aber tags darauf keinen üblen Geruch mehr hatte.

Eine heftige Versuchung gegen das sechste Gebot führte mich zum Entschluss, oft den Satz «lieber sterben als nachgeben» zu wiederholen. Von Nutzen war für mich die Tatsache, dass ich den Exorzismus von Papst Leo XIII. sprechen durfte. Doch die Exorzismen, die ich regelmäßig über Telefon vom Pater Exorzist erhielt, waren für mich ein große Hilfe, sie befreiten mich jeweils von den Symptomen. Vor dem Exorzismus schien es mir, ich würde verrückt, und hatte heftige Versuchungen gegen meine Berufung. Doch dank des Exorzismus konnte ich sie überwinden.

Im Monat August traten die gleichen Symptome erneut auf: starke Müdigkeit, Migräne, das Gefühl, verrückt zu werden, träge Traurigkeit u.s.f.. Der Pater Exorzist, der zu dieser Zeit gerade hier weilte, exorzierte mich unter vier Augen. Gleich bei den ersten Worten des Gebetes stampfte ich mit den Füßen gegen den Boden. Der Teufel äußerte sich durch meinen Mund. Nur mit großer Anstrengung vermochte ich noch, innerlich zu beten, wobei ich den Namen Jesu anrief. Ich fürchtete mich vor dem Weihwasser und das Ziborium mit der geweihten Hostie brannte mich, wenn ich mit ihm in Berührung kam. Unbeherrschbare Bewegungen erschütterten mich. Doch nach dem großen Exorzismus verschwand jegliches Übel und der innere Frieden kehrte zurück. Zwar erlebte ich noch einmal Attacken, doch genügte ein Exorzismus aus Entfernung, um diese zurückzuschlagen.

Ich schließe mit der Aussage, dass es für mich sehr wichtig war, die Existenz des Teufels zu entdecken. Seither habe ich dem Teufel wirklich den Kampf angesagt und habe verstanden, dass ich nicht verrückt war. Aber ohne das Eingreifen des Exorzisten hätte ich es nicht geschafft, und meine

Berufung zum Priestertum wäre zerstört worden. Ich fühlte mich auch mit der Passion Christi sehr verbunden und werde es auch weiterhin sein.

# Die Streitkräfte des Feindes: die satanischen Sekten

***Pater Amorth, Sie haben diesen Kampf vor über zwanzig Jahren begonnen. Hat inzwischen die Macht des Feindes zu- oder abgenommen?***

Sehen Sie, die Macht des Feindes ist immer die gleiche geblieben, denn der Teufel hat immer dieselbe Macht. Was aber enorm zugenommen hat, ist etwas anderes, nämlich die Zahl der Türen, die sich seinem Eindringen geöffnet haben. Früher gab man sich viel weniger okkultistischen Praktiken hin als heute. Unter Okkultismus verstehe ich Magie, spiritistische Sitzungen, satanische Sekten usw. Früher, als man noch zur Kirche ging, betete und die Familien noch einträchtig und intakt waren, war die Situation anders ... Sie sehen doch, wie heutzutage die Gesellschaft aussieht. Die jungen Leute leben ohne Trauschein zusammen, sie pfeifen auf die standesamtliche Trauung ... und die Schwulen, die die Anerkennung ihrer gleichgeschlechtlichen «Ehe» fordern und dazu noch, dass sie Kinder adoptieren können. Wo sind wir denn eigentlich gelandet! Bei Absurditäten, die zur Zeit meiner Jugend völlig undenkbar gewesen wären.

All dies – Magie, Okkultismus, Spiritismus – trägt dazu bei, die Eingangstüren zu öffnen. Sind die Türen einmal geöffnet, hat Satan freie Hand. Nicht dass er machtvoller wäre als früher, sondern dass er von seiner Macht frei Gebrauch machen kann. Denken Sie etwa an all die vielen Fälle von Personen, die sich dem Satan weihen!

Sie sind sehr zahlreich. Wie viele jener Zettel habe ich doch schon verbrannt, auf denen Sätze geschrieben standen wie etwa diese: «Satan, du bist mein Gott, ich will Satan, ich will immer mit dir sein, ich verehre dich, ich bete dich an.» Und dann: «Gib mir, gib mir, gib mir.» Gib mir Reichtum, gib mir Vergnügen, gib mir Erfolg. Und der Teufel gibt es ihm und raubt ihm dafür die Seele. Es handelt sich hier nicht um eine Besessenheit, denn in diesen Fällen besitzt der Teufel bereits die Seele, da diese Personen bereits beschlossen haben, sie ihm auszuliefern. Man muss bedenken, dass der Teufel von sich aus nicht zur Seele gelangt. Er kann körperliche Beschwerden hervorrufen, aber die Seele erreicht er nicht. Er dringt bis zur Seele vor, wenn der Mensch sie ihm ausliefert und ihm erlaubt, von ihr Besitz zu ergreifen, sich ihrer zu bemächtigen.

Die Zettel, die ich eben erwähnte, sind mir von Personen zugetragen worden, die sich dem Satan geweiht hatten, dann aber von Furcht ergriffen wurden, weil es sehr schwierig ist, aus einer Sekte auszutreten. Es gibt Zeugnisse, laut denen es in Amerika vorkommt, dass wer aus einer satanischen Sekte austritt, getötet werden darf. Daher haben auch die Mitglieder selbst viel Angst.

## *Und in Italien?*

Ich kenne keine tödlichen Fälle in Italien. Aber, soweit man das wissen kann, werden die aus Sekten aussteigenden Personen verfolgt. Das ist wahr. Und sie leben in der Angst, verhalten sich sehr vorsichtig und fürchten sich vor den ehemaligen Gefährten. Hier in Italien sind die satanischen Sekten sehr zahlreich. Man behauptet, es gebe mehr als achthundert, vielleicht noch mehr. Im Allgemeinen sind sie jedoch sehr klein, von einer Mitgliederzahl von fünfzehn, maximal zwanzig Personen. Wer also aussteigt, hat mit einer begrenzten Zahl von Personen zu rechnen, vor denen er sich fürchten müsste. Man kann also sagen, dass es sich um eine begrenzte, kontrollierbare Situation handelt.

Man muss aber klarstellen, dass nicht alle Sekten gleich sind. Einige sind reine Folklore oder richtiger Blödsinn. Andere aber sind wirkliche grausame Sekten, die auch Schwarze Messen veranstalten.

# Ein seit der Kindheit Besessener

Der folgende Fall betrifft einen Knaben, der in der frühen Kindheit in die Obhut seiner Großmutter väterlicherseits gegeben wurde. Diese, so scheint es, habe das Kind den bösen Geistern anvertraut. Mit fünf Jahren machte der Knabe die Erstkommunion und von da an ging er regelmäßig als Messdiener und als junger Sakristan und Vertrauensperson des Pfarrers in die Kirche. So ging es weiter bis ungefähr zu seinem vierzehnten Lebensjahr.

Am Ostermontag hat der Knabe die Vision von einem leuchtenden Kreuz und vernimmt eine Stimme, die ihm sagt: «Du wirst viel leiden.» Von da an erlebt er an seinem Körper seltsame Phänomene: Geißelungen, Schrammen in der Rippengegend, ikonographische Zeichen an Händen und Füßen. Dann erfolgen Erscheinungen Jesu und der Madonna.

Der Tränenfluss auf einem Herz Jesu-Gemälde erregt die Aufmerksamkeit vieler Menschen, die sich um das Bild und den jungen Sakristan scharen. Das Phänomen wird allgemein bekannt, die Lokalzeitungen schreiben darüber. Schließlich interveniert die bischöfliche Kurie. Ein reguläres Untersuchungsverfahren über dieses außergewöhnliche Ereignis wird eingeleitet. Doch bald wird das Ganze zu den Akten gelegt, weil anscheinend Anzeichen von Unglaubwürdigkeit auftauchen. Doch die Phänomene von tropfenden blutroten Tränen ereignen sich weiterhin und der Jüngling bleibt im Brennpunkt der Aufmerksamkeit eines Freundeskreises.

Im darauf folgenden Jahr nimmt das Szenario der Ereignisse eine weitere Wendung. Der Jüngling trifft sich mit einem Pseudocharismatiker, der über ihn Gebete spricht.

Am Jüngling geschehen Levitationen und die Leute, die ihn aufsuchen, fallen während des Gebetes manchmal in eine

Art von Einschlafen im Geiste. Der Jüngling wendet sich ab vom regelmäßigen Empfang der Sakramente und bricht auch jeden Kontakt mit dem Pseudocharismatiker ab.

Eines Tages – ich erinnere mich nicht mehr an das genaue Datum – bringen ihn einige seiner Freunde zu mir. Sie wollen sich über den Ursprung der außergewöhnlichen Phänomene Klarheit verschaffen sowie auch meinen Rat hinsichtlich des weiteren Verhaltens einholen. Der Junge sieht arglos aus, er lächelt, er ist reinlich, ruhig und heiter. Er erzählt das Geschehen um den Tränenfluss auf den Gemälden. Er zeigt mir das Herz Jesu-Bild, wobei er mir erklärt, dass er es jeweils aus dem Kasten herausholt und es den Leuten zur Schau stellt, während er seine Andacht verrichtet. Das Gemälde zeigt auffällige Spuren von blutigen Tränen, das auf dem Glas geronnen war. Ich frage seine Freunde nach der Meinung der bischöflichen Kurie. Sie sagen mir, dass diese Vorbehalte gegen den übernatürlichen Ursprung der Phänomene habe. Ich bitte den Jüngling, diesen Ereignissen keine große Bedeutung beizumessen, das Gemälde nicht mehr auszustellen, nicht in der Öffentlichkeit zu beten und große Vorsicht walten zu lassen in Erwartung, dass der Herr diesbezüglich seinen Willen offenbart.

Im folgenden Jahr betreten der Pfarrer und der Pfarrvikar die Szene. An diese hatte sich nämlich der Vater des Jungen gewandt und sie um Hilfe ersucht, da es seinem Sohn schlecht ging und sein Pfarrer sich nicht mehr um ihn kümmerte. Die beiden Priester nahmen sich nun des Jünglings an. Sie nahmen an ihm Befreiungsgebete vor, denn er schien vom Teufel belästigt zu sein. Das ging so weiter, bis sie eines Tages den Jungen zu mir brachten. Sie waren überzeugt, dass dieser mit Exorzismen behandelt werden müsse.

Seit dem Dezember jenes Jahres habe ich fünf Exorzismen vollzogen.

Erster Exorzismus: Anwesend sind die zwei Priester, die den Jüngling begleiten, zusammen mit anderen Personen, die mit diesen hierher gekommen sind. Auch eine kleine Gruppe Charismatiker ist zugegen. Zu Beginn des Gesprächs ist das Gesicht des Jungen fröhlich und unbeschwert. Einige Minuten später ein paar Rülpser und Anzeichen von Unbehagen. Er sagt mir, die seltsamen Phänomene hätten bei ihm seit der frühen Kindheit begonnen, wenige Jahre vor der Erstkommunion, die er mit kaum fünf Jahren empfing. Die Hostie habe fast immer den Geschmack von «faulem Fleisch» gehabt. Während der Wandlung kamen stets Gotteslästerungen in ihm hoch und während der Wandlung bedrängten unzüchtige Phantasien seinen Geist.

Die seltsamen Phänomene nahmen ihren Anfang im Alter von dreizehn Jahren: Levitationen (freies Schweben), Stigmata (Wundmale), ikonographische Zeichen auf dem Körper, ferner Statuen, die zerbrachen und aus denen Blut tröpfelte, Zerrungen in den Gliedern, Lähmungen, Visionen, Blütenblätter und Knospen von Rosen, die aus seinem Munde traten.

Ich beginne vorsichtig mit einem sondierenden («diagnostischen») Exorzismus. Der Junge fällt zu Boden, er wälzt sich hin und her, schlägt heftig aus, knirscht mit den Zähnen, spuckt mich an und versucht, mich anzugreifen. Seine Stimme klingt rau, seine Augen sind rot und hasserfüllt. Nach diesem Sondierungs-Exorzismus fahre ich fort mit dem imperativen Exorzismus, wobei dem Teufel bestimmte Befehle gegeben werden. Das Weihwasser, mit dem der Patient besprengt wird, brennt ihn. Nur mit Mühe wird er von vier Personen auf dem Boden festgehalten. Die Reaktionen wurden noch heftiger, als ich beim Exorzismusgebet die Jungfrau Maria eines einheimischen Marienheiligtums erwähnte. Nach einer Viertelstunde tritt Ruhe ein. In dieser

Phase der Erholung unternimmt der Jüngling plötzlich einen neuen Angriff und schlägt überraschend zu. Er wird aber mit Leichtigkeit gebändigt. Und er schafft es sogar, mit dem Exorzisten zu beten. Er ist aber sehr müde. Als ich ihm auf Wiedersehen sage, zeigt er sich zufrieden, aber rülpst einige Male.

Zweiter Exorzismus: Anwesend sind die gleichen Personen wie beim ersten Mal. Es wiederholen sich die gleichen Phänomene. Ein unerwarteter Fußtritt trifft mein Bein.

Dritter Exorzismus im Februar des folgenden Jahres: Der ihn begleitende Pfarrer bringt mir sechs oder sieben Gemälde in verschiedener Größe, die das Herz Jesu oder die Madonna darstellen. Sie sind entsetzlich verunstaltet und mit geronnenem Blut verschmiert. Ich empfehle ihm, sie wieder in ihre Behälter einzuschließen und außer Sichtweite der Neugierigen zu verwahren. Während des Exorzismus sind die Reaktionen des Jünglings weniger heftig als bei den vorangehenden. Doch der Patient bleibt sehr gefährlich und es braucht starke Männer, um den Rasenden festzuhalten. Etwas ist neu: Er spricht in verschiedenen Sprachen.

Vierter Exorzismus im März desselben Jahres, in Anwesenheit von ungefähr fünfzehn Priestern, die zu einem Pastoralkurs über Dämonologie zusammengekommen sind: Der Teufel offenbar sich mit den Worten: «Er gehört mir, seit langem schon gehört er mir, jeder Exorzismus ist erfolglos. Er ist an mich gebunden.» Die Reaktionen sind weniger heftig. Er erholt sich schneller. Der Junge erinnert sich nicht an all das, was vorgefallen ist. Er hat nur den Eindruck, als ob er mit einem Ring am Fußknöchel angebunden sei.

Fünfter Exorzismus am folgenden Monat Mai: Anwesend sind fast alle Priester und einige Laien, die am Kurs über Dämonologie teilnehmen. Die Reaktionen des Knaben sind noch weniger heftig. Ich führe ein Zwiegespräch mit dem

Dämon, der geltend macht, dass der Knabe seit dessen Kindheit ihm gehöre und dass er ihn nicht loslassen werde.

Ich habe den Pfarrer, der den Jungen begleitet, gebeten, einen kurzen Bericht abzufassen.

Hier ist er: «Der Unterzeichner ist Augenzeuge vieler seltsamer Phänomene. Ich bin zu seinem Krankenbett gerufen worden, um ihm die Kommunion zu bringen. Von Schmerzen gepeinigt wälzte er sich im Bett hin und her, auf dem Rücken hatte er Kratzwunden. Er kommunizierte. Später wurde ich wegen nächtlicher Geräusche zum Hause eines seiner Freunde gerufen. Ich sah, wie eine Tür in Stücke zerfiel. Das Zimmer war in völliger Unordnung. Der Junge duldete niemanden in seinem Zimmer. Als alles zu Ende war, lag er unter dem Bett, völlig erschöpft und am Ende seiner Kräfte. In diesem Haus gab es sechs solch furchtbarer Nächte. Ende Juli weitere solche Nächte in einem anderen Haus, wo eine Frau wohnt, die an Besessenheitsqualen leidet.

Die Phänomene während dieser Zeit sind: fliegende Gegenstände, Zerstörung von Möbeln, Kratzspuren an den Wänden, scharfer Geruch von Schwefel. Der Junge leidet unter einer Anziehungskraft, wie wenn sein Körper von einer unsichtbaren Macht bewegt und getrieben würde. Seine Freunde müssen ihn mit viel Kraftaufwendung auf dem Bett festhalten. Es kommt zu einem konfliktgeladenen Dialog zwischen ihm und einem unsichtbaren, jedoch präsenten Wesen. Er sagt: ‹Nein, ich will es nicht, ich werde es nie tun; geh weg, Satan.› Ich wohnte blumigen Huldigungen bei: Blütenblätter und Knospen von Rosen kamen aus seinem Munde heraus. Auf seinem Körper lassen sich ikonographische Zeichen erkennen wie zum Beispiel das Monogramm der Hostie (IHS) und das skizzierte Gesicht eines Menschen ... Sein christliches Leben ist sporadisch, kommt nur noch gelegentlich zum Vorschein. Sein Betragen überzeugt mich nicht ... Nun, nach dem ersten Treffen mit dem Exorzisten und dank der Befreiungsgebete scheinen die Reaktionen schwächer geworden zu sein. Es dauern weiterhin fort: die nächtlichen Störungen, Schüttelfrost, das Gefühl, von etwas Schleimigem umhüllt zu sein, das zu ihm sagt: ‹Du gehörst uns›.»

# Eine befreite Magierin

Ich befand mich im Pfarramt, als zwei Frauen mein Büro betraten. Die erste kannte ich gut, die zweite hatte ich noch nie gesehen. Jene, die ich gut kannte, sagte zu mir: «Herr Pater, diese Frau braucht Ihre Hilfe.» Ich wandte mich an die mir unbekannte Frau und fragte sie, aus welchem Grund sie sich an mich wende. Ich schaute ihr fest ins Gesicht. Mit ihren Augen und mit den Händen machte sie merkwürdige Zeichen. Und schon war mir klar, mit wem ich es zu tun hatte, und sagte zu ihr: «Signora, vor wem haben Sie Angst? Hier gibt es keinen Teufel, hier ist Christus der Herr.» Und ich zeigte ihr das Kruzifix, das ich immer auf dem Schreibtisch habe.

In diesem Moment geriet die Frau in noch stärkere Aufregung. Ich war auf das Schlimmste gefasst und schrie sie an: «Du bist eine Hexe! Was willst du von Gott?» Zunächst war sie ganz verblüfft, dann sagte sie: «Ich will vom Dämon befreit werden, denn mein Mann liegt im Sterben.» Ich antwortete ihr in einem entschiedenen Ton: «An was stirbt dein Mann? Hast du ihn etwa behext oder verwünscht?» Mit Tränen in den Augen gestand sie mir, dass sie ihn voll Bosheit angeschrien habe: «Ein Krebsgeschwür soll dich packen!» Die Verwünschung hatte ihr Ziel erreicht. Ihr Mann befand sich im Spital auf der Intensivstation und lag im Sterben.

Mit ernster Stimme sagte ich ihr: «Ich bin kein Heiliger und mache keine Wunder. Ich bin Exorzist, der mit der Hilfe und im Namen Gottes die Dämonen austreibt. Deinem Mann kann ich das Leben nicht zurückgeben.» Da sprang die Frau mit einem Satz, die Knie voran, auf meinen Schreibtisch, streckte die Arme aus und wollte mich am Hals packen. Ich war auf eine solche Reaktion des Teufels gefasst. Rechtzeitig schaffte ich es, sie anzuschreien: «Satan, im Namen Gottes, hör auf!» Mit aufgerissenen Augen und aufgesperrtem Mund rührte sie sich nicht von der Stelle, ihre Arme immer noch gegen meinen Hals gestreckt. Gott hat mich beschützt. Dann wies ich mit lauter Stimme den Dämon zurecht: «Satan, im Namen Gottes befehle ich dir, dich nicht von dieser Stellung wegzubewegen.»

Dann ging ich in die Kirche, legte eine geweihte Hostie in das Ziborium und dieses auf meine Brust. Als ich ins Pfarramt zurückkehrte, war die Frau immer noch in derselben Stellung, in der ich sie verlassen hatte. Ich befahl ihr, vom Schreibtisch herunterzusteigen, Platz zu nehmen und ja nicht zu versuchen, den Sitzplatz zu verlassen, um mir näher zu kommen.

Mit der geweihten Hostie war ich ruhiger geworden. Mit resoluter Stimme sagte ich ihr: «Statt wegen deines Mannes zu weinen, solltest du wegen der vielen Menschen weinen, denen du zwanzig Jahre lang Böses zugefügt hast.» Da schrie sie mich an: «Wenn mein Mann stirbt, werde ich der ganzen Stadt Böses zufügen.» Mit einem Ruck erhob ich mich, packte sie an den Schultern und stieß sie aus dem Arbeitszimmer und aus der Kirche, wobei ich ihr nachrief: «Mit dem Hass, den du im Herzen hast, bist du nicht würdig, hierzubleiben.»

Da sagte mir die Frau, die sie begleitete: «Herr Pater, Sie behandeln doch alle mit großer Freundlichkeit und schicken jene, die vom Dämon besessen sind, nicht weg. Warum haben Sie diese da auf unhöfliche Weise fortgejagt?» Ich gab ihr zur Antwort: «Wir Exorzisten können nur jenen helfen, sich von der dämonischen Besessen-heit zu befreien, die dies wünschen. Wer aber Hass im Herzen hat, wünscht nicht, befreit zu werden. Übrigens können sie sicher sein, dass die Hexe noch vor Ablauf einer Stunde wieder hier sein wird.»

In der Tat kehrte sie kurz darauf zurück. Ich sagte ihr, wenn sie wirklich wünsche, dass ich an ihr den Exorzismus vollziehe, dann müsse sie mir zuerst beweisen, dass sie befreit werden wolle, indem sie mir alles, was sie an magischen Zaubermitteln besitze, hierher bringe.

Um drei Uhr öffnete ich die Kirche und ich sah, dass die beiden Frauen dort standen und mich erwarteten. Sie trugen zwei große vollgestopfte Plastiktaschen. Der Anblick der Dinge, die sich darin befanden, ließ mich vor Entsetzen erschauern. Außer kleinen Instrumenten wie Tabletten zum Verbrennen von Weihrauch waren da rote und schwarze Kerzen, Nägel, Nadeln, Zitronen, Fotografien, aus welchen jeweils das Portrait einer Person herausgerissen war. Sehen wir einmal ab von den Dutzenden bereits vollzogener Verwünschungen, so gab es hier viele Bücher über Magie, Zauberei, Verwünschungen, ferner Bücher über schwarze Messen, satanische Orgien und über viele andere Dinge. Nachdem ich das Ganze mit Weihwasser besprengt und Gott angerufen hatte mit der Bitte, jegliche Verwünschung zu annullieren, schloss ich das ganze Zeug in einen Schrank ein, so dass es niemand finden konnte.

Dann forderte ich die Magierin auf, am Abend, wenn die Kirche abgeschlossen wäre, mit vier Männern hierher zurückzukommen. Es war mir klar geworden, dass es nicht nötig war, einen Psychiater beizuziehen, so eindeutig war hier die Präsenz des Dämonischen wahrzunehmen. Ich zog die liturgischen Gewänder an und begann mit dem Exorzismus. Ich befahl sogleich dem Dämon, keinem der hier Anwesenden ein Leid anzutun, sich keinem zu nähern und mindestens einen Abstand von einem halben Meter zu wahren. Dann begann ich mit dem Ritus. Mehrmals sprang die Magierin auf, schrie und lästerte. Ich tat so, als ob ich sie nicht hörte. Sie streckte die Hände nach allen Seiten aus, berührte aber niemanden, so dass der Teufel schrie: «Was habt ihr da hingestellt, da vor mir? Ich komme ja hier nicht durch!»

Oft unterbrach der Dämon das Gebet. Er sagte, sie seien zu Dreizehnt gekommen, ich aber sei ganz allein, und dass es mir nie gelingen werde, sie auszutreiben. Im Namen Gottes befahl ich ihm zu schweigen. Bei diesem Befehl geriet er in Wut und schrie mich auf einmal an: «Was hast du denn da in die Mitte zwischen dich und mich gestellt? Eine kristallene Platte?» Schließlich schrie er: «Hör auf damit! Sie will nicht befreit werden, sonst hätte sie dir alles hierher gebracht. Im Schrank ihres Zimmers hat sie nämlich noch zwei Taschen von vorbereiteten und ‹versandfertigen› Behexungen.» Da erklärte die Frau, sie sei müde und dass sie es nicht mehr aushalte. Ich nutzte die Gelegenheit, um den Exorzismus zu unterbrechen, und sagte: «Mit müden Dämonen kämpfe ich nicht. Wir werden morgen weitermachen, aber nur unter der Bedingung, dass du mir morgen die beiden Taschen mit den Behexungen, die du, wie mir der Dämon verraten hat, im Schrank versteckt hast, bringst. Ich erwarte dich morgen um sieben Uhr.»

Am darauf folgenden Tag stand sie um sieben Uhr mit den zwei Taschen vor der Kirchentür. Weinend sagte sie zu mir: «Mein Mann liegt im Sterben. Man hat ihn in die eiserne Lunge gelegt.» Ich antwortete: «Geh jetzt gleich ins Spital. Besuche deinen Mann. Gott wird an ihn denken. Komm heute abend um acht Uhr zurück und zwar zusammen mit den Männern, die dich gestern begleitet haben.» Bereits um sieben Uhr waren alle in der Kirche. Ich schloss die Türen, zog das liturgische Gewand an und bereitete mich innerlich auf den Kampf vor. Die Magierin wiederholte ständig, ich solle schnell machen, denn die Ärzte hätten ihrem Mann nur noch eine Stunde zu leben gegeben.

Ich sprach einige wenige Gebete und begann dann sogleich mit dem Befehls-Exorzismus. Auf einmal begann die Frau unter lautem Schreien zu erbrechen. Aus ihrem Mund trat ein mit Speichel vermischter Klumpen kastanienbrauner Erde heraus. Während ich diesen mit Weihwasser besprengte, zählte ich: Dies ist der erste Dämon. Ich fuhr fort zu beten und Befehle zu geben. Zwölf weitere Dämonen kamen einer nach dem anderen heraus. Darauf schrie mich eine dunkle, raue Stimme an: «Ich bin Satan, es wird dir nicht gelingen, mich auszutreiben.» Ich schaute auf die Uhr und sah, dass Mitternacht seit einigen Minuten schon vorbei war. Ich sagte: «Wir sind am Festtag der Unbefleckten Empfängnis. Satan, im Namen der allerheiligsten Jungfrau Maria befehle ich dir, aus dieser Frau auszuziehen und dorthin zu gehen, wohin dir Gott zu gehen befohlen hat.» Diesen Befehl habe ich ungefähr zehn Mal wiederholt, bis sich schließlich die raue Stimme wieder bemerkbar machte: «Schluss mit diesem Namen, ich will ihn nicht mehr hören!»

Ich antwortete ihm: «Teufel, ich werde dir diesen Namen die ganze Nacht über wiederholen, Wenn du den Namen der Unbefleckten Jungfrau und Gottesmutter Maria nicht hören willst, dann verlasse diese Frau und verschwinde.» Dann begann die Magierin wieder zu erbrechen und nach einem lauten Schrei fiel sie ohnmächtig zu Boden. Sie war endlich von allen ihren Dämonen befreit. Während die Magierin schlief, begannen wir, das Zimmer aufzuräumen und zu reinigen. Ich benutzte dazu gesegnetes Wasser und schüttete viel Alkohol in den Eimer. Dann zündete ich ein Blatt Papier an und warf es auf das beim Auszug der dreizehn Dämonen Erbrochene. Erst nachdem alles gereinigt war, befahl ich der Magierin aufzustehen. Sie erhob sich sehr langsam, als ob der Teufel sie in Stücke zerrissen hätte. Ich teilte ihr mit, dass ich sie an diesem Morgen in der Kirche erwarte, sie müsse beichten und kommunizieren.

So geschah es denn auch. Wenige Tage später, als ich mich anlässlich eines Befreiungsgebetes in einem Haus befand, läutete das Telefon. Die Hausfrau ging ans Telefon und kam dann eilends zu mir, um mir zu berichten: «Jene Frau (die eine Zauberin war) hat mir eben gesagt, ich solle Ihnen mitteilen, dass es ihrem Gemahl gut gehe. Am Tag der Unbefleckten Empfängnis seien die Ärzte erstaunt gewesen; sie glaubten, sie würden einen toten Patienten vorfinden, stattdessen sahen sie einen, dem es besser ging und der zu essen wünschte. Man habe ihn dann in den Krankensaal gebracht; es gehe ihm zusehend besser und er esse regelmäßig. Vor Weihnachten noch könne er geheilt nach Hause gehen.»

Am Weihnachtstag waren Gatte und Gattin in der Kirche. Nachher kamen sie ins Pfarreibüro, um mir zu danken. Sie beichteten und kommunizierten. Wie groß ist doch Gott!

# Ein Pakt in einem Grab

Eines Tages ruft mich die Frau von Herrn Soundso an. Zusammen mit einem Priester, der mir schon früher hilfreich zur Seite stand, begebe ich mich zu ihrem Haus. Schon zwei Tage vor meinem Besuch hatte ich mehrmals telefoniert. Die Frau erklärt mir, dass ihr Mann, noch bevor er den Hörer jeweils abnahm, stets wusste, dass ich es war, der anrief, und dass er sie dann mit einer Flut von Beschimpfungen überschüttete.

Ich begebe mich also zu ihnen. Wir beginnen den Exorzismus um 18 Uhr. Die Sitzung zieht sich hin bis spät in die Nacht und bis zur Befreiung vom Dämon. Da wir zu Zweit sind, lesen wir den Text des Rituale bald gemeinsam, bald abwechselnd. Es macht den Anschein, dass der Teufel sich unbehaglicher fühlt, wenn wir gemeinsam beten. Familienangehörige bieten uns ein Abendessen an, doch wir lehnen ab, denn das Fasten begünstigt die Befreiung. Die Eltern und die Gattin beten in einem Nebenzimmer. Wir wollen nicht, dass sie diesen schmerzlichen Szenen beiwohnen.

Während der Litaneien des Exorzismus fällt der Ehemann in eine Art von Trancezustand. Bei der Anrufung des heiligen Jakobus reagiert er heftig. Ein gewisser Giacomo, der einst in der Bar, wo der Ehemann angestellt ist, gearbeitet hat, hatte sich an einen Magier gewandt und ihn gebeten, den Ehemann dieser Frau zu behexen, damit dieser den Arbeitsplatz verlöre. Lange Zeit nach der Befreiung haben wir mit dem Ehemann darüber gesprochen und ihm erzählt, was wir vom Dämon erfahren haben. Er bestätigte uns, dass er mit aller Deutlichkeit jenen Augenblick wahrgenommen habe, als der Teufel nachts in ihn eingedrungen ist. Er habe dagegen zu kämpfen versucht, doch es war schon zu spät.

Gemäß den Andeutungen, die der Dämon während des Exorzismus gemacht hat, ist ein schriftlich verfasster Pakt unterzeichnet und in ein Grab gelegt worden.

Der Kampf ist hart, um mit dem Teufel fertig zu werden, und wir müssen sogar von den Sakramentalien – Weihwasser, gesegnetes Salz, Reliquien und Medaillen – Gebrauch machen. Wir zwingen ihn, uns das Dorf, den Friedhof, das Grab, in dem der schriftliche Pakt versteckt ist, anzugeben. Die Antworten sind präzis. Tags darauf begibt sich die Gattin zum angegebenen Ort. Das Grab befindet sich gegenüber dem Eingang. Es ist leer. In einem Bündel von Papieren findet sie zwei aus einem Heft herausgerissene Blätter, auf welchen keine Schrift sichtbar ist. Sie verbrennt sie.

Als ich das Rituale in die Hand nehme, um den Exorzismus fortzusetzen, suche ich die Stelle, wo wir stehen geblieben sind. Über diese meine Müdigkeit lacht der Ehemann hämisch und grinsend. Abgesehen von seinen Beschimpfungen erbricht der Besessene und spuckt oft gegen uns. Doch auch davor sind wir beschützt. Die Auswürfe erreichen uns nicht. Der Teufel ist jetzt sehr geschwächt. Der Ehemann schafft es, mit uns zusammen zu beten, und bittet mich dann, ihm die Beichte abzunehmen. Mühelos nehme ich ihm die Beichte ab. Nach dem letzten Exorzismus gibt es keine Reaktionen mehr. Es ist ein Uhr nachts. Aus Angst, es könnte eine listige Täuschung vorliegen, beginnen wir noch den großen Exorzismus. Diesmal kommt es zu überhaupt keiner Reaktion.

# Satanskult

Die Familie, von der hier die Rede ist, besteht aus den Eltern und ihren fünf Kindern, zwei Söhnen und drei Töchtern. In ihrem Haus fand mehrmals ein Satanskult statt, angestiftet von einem Jüngling, der sich mit einer der Töchter verlobt hatte. Dieser junge Mann war Mitglied einer Sekte, die sich Schwarze Katze nannte. Indem er die Leichtgläubigkeit dieser Familie schamlos ausnützte, hatte er eine kleine dem Satan gewidmete Kapelle bauen lassen und die ganze Familie dazu gebracht, eine Art von Weihe zu vollziehen. Sie machten sich gegenseitig kleine Schnittwunden in die Finger zum Zeichen, dass sie alle mit Blut «getauft» sind. Der junge Mann ging so weit, dass er schamlose exhibitionistische Handlungen vornahm. Zum Beispiel mussten alle seinen mit Spermien vermischten Urin trinken.

Es dauerte nicht lange und das Haus war zu einer wahren Hölle geworden. Geschrei und ständige Streitereien, Möbelstücke, die gegen die Wände schlugen, Gegenstände, die grundlos zerbrachen oder verschwanden. Es kam zu gewalttätigen Auseinandersetzungen zwischen den Familienmitgliedern, die dann unter Erstickungsanfällen litten ... Ohne von dem Wasser zu sprechen, das kontinuierlich aus den Hähnen floss, obwohl diese zugedreht waren.

Als man mich rief, war die Situation so, dass man sich die Haare hätte ausraufen können. Ich begann mit den Exorzismen an den einzelnen Personen, getrennt, eine nach der anderen. Jene, die sich während der Sitzung im Nebenzimmer aufhielten, fluchten und liefen aufgeregt hin und her, um mein Vorhaben zu behindern. Hernach exorzierte ich das Haus. Dabei machte ich zusätzlich zu den Gebeten und Sakramenten Gebrauch von Weihwasser und gesegnetem Öl. Selbstverständlich wurde alles, was dem Satanskult diente, zerstört.

Der Pakt mit dem Satan wurde aufgekündigt, indem man die Taufgelübde erneuerte und die Weihe an das Heiligste Herz Jesu vollzog. Auch habe ich alle gebeten, zusätzlich zur Sonntagsmesse wenigstens einmal in der Woche an einem Werktaggottesdienst teilzunehmen. Ich zelebrierte eine Messe im Haus der Familie; alle haben gebeichtet und kommuniziert.

Zur Sühne für die dem Satan errichtete Kapelle ließ die Familie auf einer kleinen Anhöhe im Hof eine schöne Nische für die Madonna errichten. Am Hauseingang wurde ein Bild des Barmherzigen Jesus, nämliches jenes von Schwester Faustyna Kowalska, aufgestellt.

Nach und nach lösten sich die höllischen Zustände auf. Doch muss ich die Personen weiterhin exorzieren. Ich bin optimistisch, sowohl aufgrund der bereits erzielten guten Resultate wie auch, weil ich bei den Leuten ein aufrichtiges Bemühen feststelle.

## Heimtückisch in die Gefangenschaft des Teufels geraten

Die oben angeführten Zeugnisse bringen die Vielfalt der Fälle zum Ausdruck, mit denen sich der Exorzist zu befassen hat. Der folgende Fall wird vielleicht noch ergreifender erscheinen, denn es betrifft eine junge Frau, die vom Teufel hinterrücks befallen wurde.

«Ich bin vom Satan vollständig befreit worden. Achtzehn Jahre lebte ich unter dem Einfluss der schwarzen Magie, ohne mich jedoch daran zu beteiligen. Ich bin in diese Sache auf heimtückische Weise hineingeraten, aber es hatte zur Folge, dass ich meine Seele dem Satan verkauft habe. Wenn ich für Sie meine Geschichte aufschreibe, so tue ich das, damit sie vielleicht anderen als Beispiel und als Ermutigung dienen kann: Selbst in tragischen Situationen ist es möglich, damit fertig zu werden. Den Namen des Exorzisten, der mich befreit hat, kann ich Ihnen nicht bekannt geben, denn er hat es mir verboten. Dieser heiligmäßige Priester zelebrierte dreißig Messen für meine Befreiung und vollzog an mir dreißig Exorzismen. So befreite er mich vollständig von der Unheil bringenden Präsenz der Dämonen in mir. Später vermittelte mir der Priester, der nicht in der gleichen Stadt wohnte, über das Telefon noch weitere kurze Exorzismen. So wurde ich vollständig befreit, auch von äußerlichen Widerwärtigkeiten.

Es gibt so viele gute Priester, die Personen exorzieren könnten, so wie dieser Pater es an mir getan hat. Wer weiß, wie viele Seelen dadurch befreit und gerettet würden! Ich denke vor allem an ältere Priester; der Priester, der mich vom Dämonischen befreit hat, ist über achtzig Jahre alt.

Ich möchte noch einige Geheimnisse der Sekten lüften. Wenn man auf heimtückische Weise dazu gebracht wird, mit dem Teufel einen Pakt zu schließen, dann erfährt man allmählich vom Dämon selbst und ersieht es auch aus seinem Wirken, dass die katholische Religion die allein wahre ist. Gerade deshalb wird die katholische Kirche, die treu zum Papst steht, so stark bekämpft und vom Teufel attackiert. Die anderen christlichen Religionen werden vom Teufel nur geduldet, während der Buddhismus und der «Maomettanismus» (*sic*) seine Günstlinge sind, weil es falsche Religionen sind. Die Sekten verstecken sich hinter falschen Namen und mit falschen Zweckangaben, vornehmlich hinter Formen der Alternativmedizin.

# Satanische Riten auf dem Friedhof

Die Person, um die es sich im folgenden Bericht handelt, ist ein zwanzigjähriger Jüngling.

Er kam zu mir in Begleitung seiner Eltern. Er klagte über qualvolle Schmerzen an den Hoden und am ganzen Körper. Er schrie wirklich wie ein Besessener. Er durfte das Spital, in das er eingeliefert worden war, für ganz kurze Zeit verlassen, um an einem Befreiungsgebet teilzunehmen. Die Ärzte konnten die Ursache von so viel Leiden nicht eruieren. Es war der Jüngling selbst, der unser Eingreifen wünschte.

Er erzählte mir seine Geschichte mit großer Mühe zwischen furchtbaren Krämpfen, wobei er sich den Unterleib hält.

«‹Vor ungefähr drei Jahren hatte ich die Gelegenheit, an satanischen Riten teilzunehmen. Ich wurde dazu von Freunden in meinem Alter eingeladen. Ich glaubte nicht an solche Dinge, doch aus Neugier machte ich mit. Die Riten wurden auf einem Friedhof vollzogen. Wir waren etwa zehn Jugendliche und einer von uns war der Chef. Für den Opferritus und die schwarze Messe setzten wir uns alle eine Kapuze auf. Die Opferriten wurden in einem unterirdischen Gang des Friedhofgebäudes auf der Steinplatte eines offenen Grabes durchgeführt. Sie fanden unregelmäßig nach jeweils einigen Monaten Unterbrechung statt. Das Tieropfer bestand in der Tötung einer Katze, eines Vogels, einer Schlange. Das Fleisch dieser Tiere wurde vermischt mit den aus dem Beinhaus entwendeten zerriebenen Knochen von Toten. Wir aßen das Fleisch des Vogels oder Katze, nachdem man es über ein Feuer gehalten und dann mit dem Blut der Schlange und den zerriebenen Knochen vermischt hatte. Man muss vermerken, dass die Schlange das Symbol der Sekte ist. Hernach bestand das Ritual in einem Geschlechtsverkehr mit einem jungfräulichen Mädchen, das wir verführt hatten. Im Ganzen dauerte das rituelle Geschehen im Durchschnitt etwa drei Stunden. Das Opfer wurde dem Gott Abu Katabu, dessen Präsenz wir spürten, sowie auch dem indischen Gott Zei dargebracht Das letzte Mal fand das Ritual am vergangenen Sonntag statt. Ich ging allein dorthin, ohne dass ein Freund mich abholen kam. Ich fühlte, dass sie mich riefen. Ich erfuhr jedoch, dass ich zum Opfer ausersehen war. Ich hatte Angst.»

Ich stellte dem jungen Mann folgende Frage: «Wie hast du es angestellt, um in das unterirdische Geschoss einzudringen, das Beinhaus zu öffnen und die Rituale zu vollziehen, ohne dass die Wächter es bemerkten?» Er antwortete mir, er selber habe den Schlüssel gestohlen, da er den Ort gut kannte und wusste, wie man das Gitter des Ganges, der zum unterirdischen Geschoss führt, öffnet. Nach Beendigung des Rituals, das nachts vollzogen wurde, habe er alles wieder an seinen Platz gestellt.

Ich fragte ihn auch, wie sie die Mädchen köderten, die sie entjungfern wollten. Meistens, so erklärte er mir, gewännen sie diese unter dem Vorwand, sie zu einem Gebet in der Kirche oder auf dem Friedhof am Grabe eines Bekannten einzuladen. Jedesmal brächten sie eines oder zwei mit, ließen sie am Ritual teilnehmen und hernach paarten sie sich mit ihnen. Sie gäben ihnen Geld als Entschädigung und um ihnen Stillschweigen aufzuerlegen. Es käme vor, dass die Mädchen wiederkommen; doch diese Jugendlichen wollten für das Ritual immer unberührte Mädchen, die anderen nähmen sie nur, wenn sie keine jungfräulichen fänden.

Ich stellte ihm noch Fragen über den Namen der Sekte, wie man in sie hineinkomme und ob zwischen den Mitgliedern ein Pakt bestehe. Es sei die Sekte der Schwarzen Schlange, antwortete er mir. Der Gott, den sie anbeten, heiße Abu Katabu. Er sagte mir auch, dass, wenn man einmal in die Sekte eingetreten sei, es schwierig sei, aus ihr auszutreten. Zwei Jugendliche seien ausgetreten, daraufhin seien sie von den anderen während eines Ritus verflucht worden. Nach kaum zwei Tagen sei einer der beiden bei einem Verkehrsunfall ums Leben gekommen, der andere hätte einen Schädelbruch erlitten. Der Chef der Sekte sei vierundzwanzig Jahre alt.

Ich wollte wissen, wie sie die schwarzen Messen zelebrierten. Er sagte mir, dass sie gestohlene Hostien benutzten. Er selber habe solche in seiner Kirche, wo er Messdiener gewesen war, gestohlen. Er wusste daher, wo sich die Schlüssel befanden. Er habe die Hostien direkt dem Tabernakel entnommen. In letzter Zeit sei das aber komplizierter geworden. Da habe er sich jeweils bei einer heiligen Messe der Reihe der Kommunizierenden angeschlossen und habe die Hostie in die Tasche gesteckt.

Die schwarze Messe werde von einem ehemaligen Mönch zelebriert, wobei er für diesen Anlass ein rotes Gewand trüge. Sie spuckten alle auf die Hostie und verbrannten sie. Sie benutzten auch Gebeine von Toten und riefen dann Verwünschungen über ihre Feinde herab. Er selber habe solche gegen seine eigenen Angehörigen ausgestoßen. Nach seiner Aussage haben solche Verfluchungen stets die gewünschte Wirkung erzielt.

Nach diesem Vorgespräch beginne ich mit dem Exorzismus. Beim Anhören der Allerheiligenlitanei bäumt sich der Jüngling auf, schlägt aus, brüllt und wird gefährlich. Er ruft Abu Katabu an. Ich nehme die Präsenz von Dämonen wahr und besprenge den Patienten mit Weihwasser. Er schreit auf und ruft wiederum seine Götter an: Abu Katabu, Zei und andere. Wegen der Schmerzen an den Hoden fängt er zu heulen an. Er ergeht sich in Beschimpfungen gegen seine Großmutter und seine Mutter, die beim Exorzismus anwesend ist. Sie sagt zu ihrem Sohn, dass die Großmutter und die Tante ihn immer geliebt haben. Darauf erwidert er, dass er Liebe nicht von der Großmutter noch von der Tante wollte, sondern von der Mutter.

Nun sehe ich ein, dass im Verhalten des Patienten eine starke psychologische Komponente zu berücksichtigen ist, die dazu geführt hat, dass er aus Liebesentzug auf diese Weise reagierte. Infolge der Verwünschungen musste sich die Großmutter wegen eines Tumors an der Brust einer Operation unterziehen, die Mutter wurde am Blinddarm operiert und der Vater hatte eine lebensbedrohende Verbrennung durch elektrischen Strom erlitten. Diese unheilvollen Ereignisse hat der Sohn selber seinen Verfluchungen zugeschrieben.

Dann auf einmal wird er blind, spricht in verschiedenen Sprachen und verspottet mich, indem er die Zeigefinger über den Kopf hält. Dann erbricht er, ein Zeichen, dass seine Befreiung beginnt. Er fühlt sich leichter, weint, bittet um Hilfe und macht sogar ein Kreuzzeichen.

Einer meiner Assistenten, ein Freund des Friedhofwächters, begab sich zum Friedhof und besichtigte dort den Ort, wo die Sekte ihren Kult durchführte, und machte fotografische Aufnahmen. Die vom jungen Mann erzählten Einzelheiten entsprechen der Wahrheit.

Wir kommen zum zweiten Exorzismus. Markerschütternde Schreie und unerträgliche Schmerzen im Unterleib. Der Jüngling ruft wieder seine Götter um Hilfe an. Während des ganzen Exorzismus fühlt er sich von Flammen umzingelt, die ihn brennen. Er schreit aus voller Kehle und bittet, dass man ihm Wasser über Brust und Schultern schüttet. Doch das Weihwasser verstärkt die Schmerzen. Dann beginnt er auszupacken, um all dem, was ihn belastet, Luft zu machen. Er ist voller Schuldgefühle und hat Gewissensbisse. Einmal mehr stelle ich fest, dass all seinen Qualen eine starke psychologische Komponente zugrunde liegt. Er sagt auch, dass es seine

Freundin gewesen war, die ihm bei der sexuellen Vergewaltigung einen Fußtritt in den Unterleib versetzt hat. Dieses Mädchen, das nach dem satanischen Ritual ins Spital eingeliefert werden musste, befindet sich immer noch im Koma.

Wiederum erbricht der Jüngling. Damit er noch mehr erbricht, gebe ich ihm Weihwasser zu trinken. Er beruhigt sich, kommt wieder zu vollem Bewusstsein. Er bittet, dass man ihn rette. Er will den Vater, die Mutter, die Großmutter und seinen Bruder sehen. Die Szene ist ergreifend. Er bittet alle um Verzeihung; mit Tränen in den Augen umarmt er sie. Auch mich umarmt er. Und er ruft den Namen des Herrn an und betet mit uns.

Er fürchtet immer noch, von der Sekte getötet zu werden, da er von dieser zum Opfer ausersehen war. Der junge Mann braucht nun besondere Pflege und ganz besondere Schutzmaßnahmen.

# Anhänger des Satanismus im Vatikan

***Don Gabriele, Sie sagten mir, dass einige Sekten weniger gefährlich sind, dass aber andere überaus gefährlich sind.***

In der Tat, einige müssen sehr ernst genommen werden. Und leider gibt es sie überall, sogar im Vatikan.

***Auch im Vatikan?***

Ja, auch im Vatikan gibt es Anhänger satanischer Sekten.

***Um wen handelt es sich da? Handelt es sich um Priester oder um einfache Laien?***

Es sind Priester, Monsignore und auch Kardinäle! Ich weiß es von Personen, die mich darauf aufmerksam machen konnten, da sie die Möglichkeit hatten, es direkt zu erfahren. Und es ist auch eine Wahrheit, die mir mehrmals vom Teufel selbst «gebeichtet» worden ist, als ich ihn im Verlauf des Exorzismus dazu zwang ...

***Ist der Papst[3] darüber informiert worden?***

Selbstverständlich ist er darüber informiert worden! Er macht, was er kann. Es ist eine furchtbare Angelegenheit. Und wenn man sich zudem vor Augen hält, dass Papst Benedikt ein deutscher Papst ist: Er kommt aus einem Land,

---

3 Als dieses Buch verfasst wurde, war Papst Benedikt XVI. noch im Amt. (Anm. d. Verlegers)

das ausgesprochen abgeneigt ist, an solche Dinge zu glauben in Deutschland gibt es praktisch keine Exorzisten … Doch er, der Papst, glaubt an diese Dinge. Ich hatte dreimal Gelegenheit, mit ihm darüber zu sprechen, als er noch Präfekt der Glaubenskongregation war. Selbstverständlich glaubt er an diese Dinge! Er hat auch mehrmals öffentlich darüber ausdrücklich gesprochen. Er hat uns, die Vereinigung der Exorzisten, empfangen. Er hielt eine sehr schöne Ansprache, worin er unser Apostolat lobte und uns ermutigte. Vergessen wir nicht, dass Johannes Paul II. sich sehr oft und ausführlich über den Teufel und den Exorzismus geäußert hat ...

***Dann ist es also wahr, was Papst Paul VI. sagte: Der Rauch des Satan ist in die Kirche eingedrungen.***

Ja, es ist leider wahr. Sogar in der Kirche gibt es Adepten von satanischen Sekten. Diese besondere Anspielung auf den «Rauch Satans» machte Papst Paul VI. am 29. Juni 1972. Da sie ein sehr großes Ärgernis erregte, hielt er am 15. November desselben Jahres im Rahmen einer Generalaudienz eine Ansprache, die dem Thema Teufel gewidmet war, wobei er sich klar und deutlich ausdrückte. Doch diese Ansprache zeigte keine praktischen Folgen. Immerhin brach sie das Eis, hob den Schleier des Schweigens und der Zensur weg. Das dauerte nur zu lange. Doch es zeigten sich keine praktischen Auswirkungen. Ich selbst musste die Alarmglocke läuten, um praktische Folgerungen zu erzielen. Ich, der ich keine Ausschlag gebende Rolle spielte, ich, der ich nichts bin ...

# Ein Dämon spricht von Herrschaft über die Kirche

Ein Ehemann, seine Frau und ihre zwei Kinder, ein zwölfjähriger und ein vierzehnjähriger Knabe. Sie sind seit fünfzehn Jahren verheiratet. Die Frau hatte vor ihrer Heirat mehrmals an spiritistischen Sitzungen teilgenommen. Am Tag ihrer Eheschließung fühlte sie sich nicht in der Lage, ihrem Mann ihr Jawort zu geben Sie vernahm aus der Tiefe ihres Innersten die Stimme des biblischen Dämons Asmodi, von dem sie sich gänzlich in Besitz genommen fühlte und der zu ihr sagte: «Sag Ja zu mir und nicht zu deinem Mann. Ich werde dich in jeder Hinsicht glücklich machen; ich werde dir Sex, Geld, Gesundheit und was immer du willst geben. Du gehörst mir.»

Die Dinge entwickelten sich so, dass sie auch heute nicht sagen kann, was sie damals während des Ritus des Ehesakramentes getan hat. In einer der spiritistischen Sitzungen hatte man ihr Unheil bringende Speisen zu essen gegeben, die ihr nach dreiundzwanzig Jahren immer noch heftige Kopf- und Magenschmerzen verursachen.

Sie hasste ihren Mann, sie empfand einen tödlichen Hass auf ihren verstorbenen Schwiegervater, sie hasste sogar ihren jüngeren Sohn und bisweilen konnte sie gewalttätig werden. Hingegen liebte sie den älteren Sohn leidenschaftlich; wenn dieser, fern von ihr, irgendeine verwerfliche Tat beging, spürte sie es und fand Gefallen daran: etwa wenn er schlechten Umgang hatte, wenn er einen Joint rauchte, sein Studium vernachlässigte, der Kirche den Rücken kehrte. Es stellte sich heraus, dass sie wirklich fühlte, was ihr Sohn gerade tat, als ob eine suspekte Verständigung zwischen den beiden herrschte. Das Haus war dämonisch verseucht, insbesondere das Zimmer dieses älteren Sohnes, der sich gestört, bedrückt und wie erdrückt fühlte. Am Abend hatte ich in seinem Zimmer ein zur Hälfte mit exorziertem Wasser und einem Teelöffel Salz gefülltes Glas hingestellt. Am nächsten Morgen war das Salz aufgestiegen, aus dem Glas ausgetreten und auf den Boden geflossen. Daraufhin legte die Frau eine gute Beichte ab und, nachdem sie ihr Eheversprechen erneuert hatte, begann sie intensiv ein christliches Leben zu führen und allseits um Verzeihung zu bitten. Daraufhin begann ich, sie zu exorzieren. Die Reaktion war sogleich heftig. Die Namen von verschiedenen Dämonen wurden ausgesprochen.

Als die Frau sich «in Besitz genommen» fühlte, wiederholte ich den Exorzismus. Es handelte sich in der Tat nicht um eine ständige Besessenheit. Die Reaktionen waren immer heftiger und voller Beschimpfungen und Beteuerungen, sie werde nicht verzeihen und werde sich ihrem Mann verweigern. Die Dämonen wiederholten immer wieder, dass sie sich da, wo sie waren, ganz wohl fühlten und nicht wegziehen würden, wenn sie aber wegzögen, würden sie sie mitnehmen. Ich habe all dies registriert, auch weil es da Informationen gab über die Macht, die die Dämonen in unserer Zeit in der katholischen Kirche ausüben ... Natürlich ist es der Meister der Lüge, der sich so äußert. Wenn ich nicht persönlich eingreifen konnte, exorzierte ich per Telefon und die Wirkungen waren dieselben.

# Ich bin von droben beschützt ...

***Wenden wir uns jetzt Ihrem Leben zu, Don Gabriele. Haben diese Sekten, von denen sie sprachen, nicht schon versucht, Sie zu belästigen oder Ihnen Knüppel zwischen die Beine zu werfen?***

Nein, ich bin zu sehr beschützt. Der Dämon hat mir nie Ärger bereitet. Einige meiner Amtsbrüder, die sich als Exorzisten betätigten, hatten manchmal Probleme: nachts Geräusche im Haus, so dass man nicht schlafen konnte, Störungen jeglicher Art ... Mir jedoch ist so etwas nie zugestoßen. Bis jetzt.

Man muss auch bedenken, dass es im Umkreis der Sekten eine Menge von skrupellosen Gestalten gibt: Magier, Kartenleser, Hellseher … Nun, 98 Prozent von diesen sind Scharlatane. Alles was sie haben, ist ein Minimum an psychologischen Kenntnissen, das man braucht, um einen Menschen zu verstehen, der vor ihnen steht. Natürlich befindet sich jemand, der zu einem Magier geht, bereits in einem Zustand psychischer Schwäche, da er an einem Übel leidet oder ein Problem hat und hofft, dass dieser ihn heilt oder das Problem löst. Er ist daher in einer besonderen Situation, die ihn soweit führen kann, dass er Dummheiten begeht.

Ein Erlebnis, das ich vor einiger Zeit hatte, veranschaulicht dies sehr gut. Der Protagonist ist ein Ingenieur der Elektronik, also keineswegs eine naive und ahnungslose Person. Dieser Ingenieur hat einen Magier konsultiert, weil er sowohl berufliche wie auch gesundheitliche Probleme hatte; vor allem im Beruf war vieles schiefgegangen. Der Magier gab ihm ein Beutelchen, das er stets mit sich tragen musste. Pflichtgetreu bewahrte er es ständig in der

Westentasche; wenn er zu Bett ging, nahm er es aus der Jacke und legte es in die Tasche des Pyjamas. Als er dann schließlich zu mir kam, brachte er es mir und ich öffnete es. Im Beutelchen befand sich eine Schnur mit Knoten, mehr nicht. Ich sagte ihm: «Entschuldigen Sie, Herr Ingenieur, ein Mann wie Sie: Merken Sie nicht, dass man Sie für einen Dummkopf gehalten hat?» Und wenn ich bedenke, dass er dafür, wie er mir sagte, zweiundvierzig Millionen unserer alten Lire, das heißt über zwanzigtausend Euro bezahlt hatte!

Den Magier spielen ist also ein einträgliches Geschäft ... Umso mehr, als sie ihren Klienten dann noch Amulette anbieten, die speziell für das zu lösende Problem angezeigt sind, und für die sie sich teuer bezahlen lassen, obwohl sie nichts nützen.

Um auf unseren Ingenieur zurückzukommen, dieser war zu mir gekommen, nachdem der Magier, an den er sich gewandt hatte, seine Situation nur noch verschlimmert und ihn an den Rand einer totalen körperlichen Erschöpfung gebracht hatte, was ihm große berufliche Probleme bereitete. Zudem konnten jedoch auch dämonische Einflüsse im Spiel sein. Ich habe ihn deshalb auch exorziert, wenn auch nur wenige Male, da er keine besonders spezifischen Reaktionen zeigte. Und wenn ein Patient keine Reaktionen zeigt, so heißt das, dass die Übel von anderen Ursachen herrühren.

## Das Unterscheidungsvermögen

***Was Sie über den letzten Fall gesagt haben, führt mich dazu, Sie zu bitten, zugunsten unserer Leser gerade diese Fähigkeit zur Unterscheidung zu vertiefen. Denn sie erweist sich als unentbehrlich für die Exorzisten, um sich mit den jeweiligen Fällen auseinander zu setzen. Ist es diesbezüglich wahr, was man von Pater Candido sagt, dass er bei Patienten allein schon dadurch, dass er sie anschaute, erkennen konnte, ob sie ein besonderes Problem hatten?***

Ja, es ist wahr. Pater Candido besaß ein Unterscheidungsvermögen, eine absolut außergewöhnliche Gabe, das Charisma der Unterscheidung. Man bedenke auch, dass er nur morgens Patienten empfing (und auch am Sonntag nicht); und doch kam es vor, dass er an einem einzigen Morgen bis zu achtzig Personen empfing. Er behandelte jedes Mal zwei zusammen, sprach ein kurzes Gebet und sagte dann: «Kommen sie nochmals» oder: «Kommen Sie nicht mehr.» «Kommen Sie nochmals» besagte, dass er etwas Problematisches festgestellt hatte. «Kommen Sie nicht mehr» bedeutete, dass nichts Dämonisches vorlag.

Auch brauchte er den Leuten nur ins Gesicht zu schauen, um ihren Zustand zu erfassen. Ich kann Ihnen noch mehr verraten: Er war fähig, allein aufgrund von Fotografien die Diagnose zu stellen; die einzige Voraussetzung war, dass man auf dem Foto die Augen gut sehen konnte. Auf den Fotos sind die Augen manchmal etwas unscharf ... Oh, und wie viele Tumore hat er geheilt!

Auch bei mir hat sich etwas Ähnliches zugetragen. Ich bin gelegentlich kranken Frauen begegnet, die an Eierstockzysten litten und dann geheilt worden sind. Sie sollten operiert werden. Sie kamen zu mir, um exorziert zu werden. Sie sagten zu mir: «Herr Pater, segnen Sie mich, ich muss mich einer Operation unterziehen.» Ich vollzog einen Exorzismus, einen normalen. Dann kehrten diese nach Hause zurück. Als vor der Operation die letzten Untersuchungen mittels Computertomografie gemacht wurden, stellte sich heraus, dass die Zysten verschwunden waren. Bei diesen Fällen kann man genauer gesagt von Heilungsgebeten sprechen.

Und das spielt sich folgendermaßen ab. Ich spreche Gebete der Heilung und Gebete der Befreiung. Beim Exorzismus verwende ich beide. Denn auch im Evangelium kommen diese zwei oft zusammen vor. Der Herr machte oft beides gleichzeitig: Er heilte die Kranken und trieb Dämonen aus; diese beiden Heilstaten galten verschiedenen Personen, er führte sie aber zusammen aus. Im Evangelium heißt es: «Treibt die Dämonen aus und heilt die Kranken.» Deshalb vollziehe ich den Exorzismus auch mit der Intention, dass dieses Gebet auch eine heilende Kraft vermittle. Dank des Himmels habe ich bis jetzt leichte Fälle gehabt, nicht ernste wie jene von Pater Candido, die zu einer Heilung führten, selbst bei hoffnungslosen Erkrankungen.

Ich erinnere mich, dass Pater Candido mit Personen zu tun hatte, die infolge eines Tumors unter starkem Kopfweh litten. Sie wandten sich an ihn; nach seinem Exorzismusgebet verschwand der Tumor, zwar nicht sofort, sondern nach einigen Tagen. Da gab es auch solche, die ihn dann anriefen und ihre Heilung bezeugten: «Es hat schon am Abend aufgehört» oder: «Alle Kuren und alle Medikamente, die man mir gegeben hat, nützten nichts, aber nach Ihrem Segen ...» Nun, bei diesen Fällen konnte es sich, über die medizinische Symptomatik hinaus, vielleicht um eine sehr leichte dämonische Belästigung gehandelt haben.

Im Unterschied zu Pater Candido besitze ich kein besonderes Charisma der Unterscheidung. Um im einzelnen Fall den Zustand des Patienten richtig einzuschätzen und einzuordnen, muss ich einen «diagnostischen» Exorzismus vornehmen. Dieser Exorzismus ist für mich notwendig, denn er erlaubt mir, die Reaktion zu testen und den weiteren Verlauf zu erkennen.

Es kann vorkommen, dass die Exorzismen im Augenblick keine Reaktion hervorrufen. Aber nachher, wenn die Patienten wieder zu Hause sind, tritt ein oder zwei Tage später eine Besserung ein; sie teilen es mir telefonisch mit, als wäre es etwas Außergewöhnliches. Sie kommen dann wieder zu mir zurück. Ich vollziehe weitere Exorzismen und diesmal tritt die Besserung auf der Stelle ein: Das Übel verschwindet. Aber bei ihrem ersten Besuch beobachte ich immer ihre Reaktion und es hat den Anschein, als ob nichts geschieht. Natürlich kommt es vor, dass sie unruhig werden, dass sie schreien. Doch bei gewissen Personen gibt es diese Reaktion mit einer nachfolgenden Veränderung nicht. Nachher sagen sie mir: «Sie haben mich von einem Übel befreit, mit dem niemand fertig wurde, und Sie haben dies erreicht, indem sie mich segneten.» Ich spreche mit ihnen von «Segenspendung», um die Leute nicht mit dem Wort «Exorzismus» zu erschrecken. Doch die Gebete sind so wirksam, dass das Übel verschwindet. Hin und wieder kommt es vor, dass zu Beginn die Wirkung von begrenzter Dauer ist. Die Leute sagen mir zum Beispiel: «Herr Pater, nach Ihrer Segenspendung ging es mir einen Monat lang gut. Dann aber kehrte das Übel zurück.» Ich antworte: «Wiederholen wir sie, vielleicht bedeutet es, dass Sie monatlich eine Segenspendung nötig haben.» Jeder Fall ist anders.

Im Allgemeinen sind der Kopf und der Magen die zwei verwundbarsten Stellen; doch der Dämon kann auch anderswo zuschlagen, bald an den Knochen, bald an den Beinen, sehr oft an der Gebärmutter und an den Genitalien. Es kommt häufig vor, dass Männer keine Erektion mehr haben können; nach der Segenspendung geht alles wieder normal.

# Das Böse, seine Modalitäten und Methoden

***Könnten Sie uns über die verschiedenen Modalitäten aufklären, durch welche es möglich ist, eine Behexung herbeizuführen? Anders gesagt, auf welche Weise das Böse den Menschen befallen kann.***

Ich beantworte Ihnen diese Frage, indem ich Ihnen eine von verschiedenen Autoren und meinen eigenen Überlegungen angeregte schematische Darstellung der Behexung vorlege.

Die «Behexung» ist ein Übel, das durch die Tätigkeit des Teufels herbeigeführt wird.

In Bezug auf das Ziel und den Zweck gibt es verschiedene Modalitäten, die folgendermaßen näher bezeichnet werden:

– «Liebes»-Behexung, die darauf abzielt, eine Liebesbeziehung zu einer Person zu fördern oder zu zerstören.

– Vergiftende Behexung, die darauf abzielt, ein körperliches, psychisches, wirtschaftliches oder familiäres Übel herbeizuführen.

– Bindungs-Behexung, die zum Ziel hat, Unternehmungen, Bewegungen oder Beziehungen zu behindern oder zu vereiteln.

– Übertragungs-Behexung, die darauf abzielt, auf jemanden die Qualen, die man einer Puppe oder dem Foto der zu treffenden Person symbolhaft bereitet hat, zu übertragen.

– «Verwesungs»-Behexung, die zum Ziele hat, eine tödliche Krankheit hervorzurufen, indem man einen verweslichen Stoff verfaulen lässt.

– «Besessenheits»-Behexung, die darauf abzielt, eine teuflische Präsenz in das Opfer einzuführen und dieses in den Zustand einer eigentlichen Besessenheit zu stürzen.

In Bezug auf die Art und Weise kann die Behexung bezeichnet werden als

– «Direkte», wenn es einen Kontakt gibt zwischen dem Opfer und dem Gegenstand als dem Träger des Bösen, z.B. wenn man dem Opfer etwas Verhextes zu essen oder zu trinken gibt.

– «Indirekte», wenn sie durch die Behexung eines Gegenstandes, der das Opfer repräsentiert, vorgenommen wird.

Entsprechend der Vorgehensweise:

– Durch Einschlagen und Quälen mit Nadeln, Nägeln, Hammer, Stichen, Feuer, Eis.

– Durch Fesselung oder Bindung mit Schnüren, Knoten, Riemen, Bändern, Gürteln, Reifen.

– Durch Verwesung, wenn man den Gegenstand oder das Tier-Symbol, nachdem man es zerbrochen hat, begräbt.

– Durch Verfluchung, direkt ausgesprochen über die Person, über eine Fotografie der Person oder ein Symbol von ihr.

– Durch ein satanisches Ritual wie zum Beispiel der Satanskult oder eine schwarze Messe, die mit der Absicht, jemanden zu schädigen, zelebriert wird.

In Bezug auf das verwendete Mittel:

– Bei Verwünschungen: Puppen oder mit Nadeln, Gebeinen von Toten und Blut vermischtes Fleisch, Kröten, Hühnchen.

– Mit behexten Objekten z.B. Geschenke, Pflanzen, Kopfkissen, Puppen, Bänder, Talismane.

– Mit dem Blick («böser Blick»), Kontakt mit der Hand, Umarmung.

– Per Telefon: sei es ohne Worte, sei es durch den Atem oder auf andere Weise.

## Behexung in der Absicht, den Tod einer Person herbeizuführen

Hier nun ein Zeugnis, das sich auf eine authentische Behexung bezieht. Ich sage «authentisch», denn es gibt Gegenstände als Konterfeis von Behexungen, die von Scharlatanen und anderen Schwindlern angefertigt werden. Es betrifft dies eine Großzahl von Fällen. Doch gibt es wirkliche Behexungen, anders gesagt echte Unheil bringende Verwünschungen, Übel, die mittels der Intervention des Teufels herbeigeführt werden; es handelt sich um authentische Behexungen, die von echten Magiern und Hexern ausgeführt werden, das heißt von Menschen, die einen Pakt mit dem Satan geschlossen haben und dessen Kult praktizieren. Es sind Personen, die oft von Hass, Neid, von heimtückischer Bosheit leben, genauso wie der Teufel. Es ist wichtig, dass man darauf hinweist, denn es gibt heute viele Leute, selbst Priester, die nicht an die Wirklichkeit von Behexungen glauben; oder es gibt Priester, die, um Gläubige, die von der Angst, behext zu werden, verfolgt werden, zu beruhigen, predigen, dass es Behexungen gar nicht gebe. Dadurch, dass man das Falsche lehrt, kann man nie jemandem das Wahre übermitteln.

Eine junge Frau fühlte sich seit drei Jahren sehr schlecht, aber nur nachts. Wenn sie abends ihr Schlafzimmer betrat, verlor sie oft das Bewusstsein. Sie atmete mühsam, Angst befiel sie, sie hatte den Eindruck, sie werde ersticken, und fiel oft in Ohnmacht. Ihre Mutter entschloss sich, sie in die Notfallstation zu bringen. Doch kaum hatte die Tochter die Türschwelle des Spitals überschritten, verschwanden alle Beschwerden.

Die Ärzte fanden nichts heraus. Jedes Mal erklärten sie, sie erfreue sich bester Gesundheit. Sobald sie nach Hause zurückkehrte, fingen dieselben Beschwerden von neuem an, aber nur wenn sie ihr Schlafzimmer betrat, und vor allem, wenn sie den Kopf auf das Kopfkissen legte. Unruhe, Brechreiz, ein unerträgliches Kopfweh: Die Schmerzen waren so stark, dass sie überhaupt nicht schlafen noch die geringste Linderung erfahren konnte. Verschiedene Spezialisten untersuchten sie. Nach wiederholten Untersuchungen kamen die Ärzte zur Schlussfolgerung, es könnte sich um epileptische Krisen handeln. Doch das Enzephalogramm bestätigte diese Pathologie nicht, noch ergab sie sich aus den anderen medizinischen Untersuchungen.

Eines Tages gab ihr eine Freundin der Familie den Rat, sich an einen Exorzisten zu wenden. Drei Exorzismen und die Einsegnung des Hauses wurden vorgenommen, ohne dass eine Reaktion oder eine Besserung eintrat. Die Beschwerden gingen unbeirrt weiter. Man riet der Patientin, ein entschiedeneres, tieferes christliches Leben zu führen sowie auch exorziertes Wasser zu benützen. Auch wurde empfohlen, alle Kopfkissenbezüge im Hause zu öffnen. Man gab diesen Rat, weil man eine in den Kopfkissen präsente Verhexung vermutete. Man traf diese Maßnahme für die ganze Familie, damit die junge Frau sich nicht gedemütigt fühlen würde, wenn die Durchsuchung nur ihrem Kopfkissen gegolten hätte. Es ist noch darauf hinzuweisen, dass alle Kissen aus Flaumfedern von der Mutter der Frau hergestellt worden waren. Während in den anderen Kissen nichts Verdächtiges gefunden wurde, fand man in dem der Frau ein schwarzes Tuch, ein den Toten repräsentierendes Leichentuch; es war lang und breit wie das Kissen, mit vielen rundum angenähten Federn wie ein Grabkranz. Man gab der jungen Frau den Rat, das Kissen mit Weihwasser zu besprengen und es dann zu verbrennen. Vielleicht war dies ein Fehler, denn dieses seltsame schwarze Tuch hätte als Beweis angeführt werden können gegen die Skeptiker, die nicht an Verhexungen glauben …

Jedenfalls, nachdem all dies getan worden ist, haben alle Beschwerden der jungen Frau aufgehört. Sie begann wieder normal zu schlafen und alle ihre Probleme waren auf einen Schlag verschwunden. Seit dem Verbrennen des Kissens sind schon mehrere Monate vergangen. Der jungen Frau geht es gut, sie hat ihre alltäglichen Beschäftigungen wieder aufgenommen. Sie lebt und erholt sich. Ruhe und Heiterkeit sind wieder in die Familie zurückgekehrt.

Offensichtlich handelte es sich in diesem Fall um eine Behexung mit tödlicher Absicht. Jenes schwarze Tuch, das auf magische Weise in das Kopfkissen eingeführt worden war, hatte zum Ziel, die junge Frau allmählich zur Verzweiflung und in den Tod zu treiben. Vorsichtig, aber entschlossen, hat sie aufzudecken versucht, wer wohl so etwas Unheilvolles ins Werk setzen konnte. Es stellte sich heraus, dass eine verwandte Familie aus purem Hass und Neid diese Tod bringende Behexung der ganzen Familie bestellt hatte, auch wenn nur die junge Frau deren Opfer wurde. Es erübrigt sich wohl klarzustellen, dass die Mutter unter Eid ausgesagt hatte, dass sie das Kopfkissen der Tochter genau gleich hergestellt hatte wie alle anderen, ohne irgend ein fremdes Element einzuführen, das eventuell das Vorhandensein des schwarzen Tuches im Kissen hätte erklären können.

## Die für die Befreiung erforderliche Zeit

***Man sagt, dass heutzutage die Zeit, die für die Befreiung durch Exorzismen erforderlich ist, länger dauert als in der Vergangenheit. Ist das wahr?***

Meiner Meinung nach trifft dies zu, weil der Glaube weniger stark ist, auch auf Seiten der Exorzisten. Er ist auch weniger stark bei den Personen, die sich exorzieren lassen, und auch bei deren Angehörigen.

Denken Sie an jene Stelle im Evangelium (Mt 17,14-21), wo berichtet wird, dass es den neun Aposteln nicht gelang, einen «fallsüchtigen» Knaben zu befreien, obwohl sie – wie sie zu ihrer Verteidigung sagten – im Namen Christi handelten. Da fragten sie Jesus: «Warum konnten wir den Dämon nicht austreiben?». Und Jesus gab ihnen zur Antwort: «Wegen eures Kleinglaubens». Ihr Glaube ist nicht stark genug. Ein anderer Evangelist (die Episode wird von allen drei Synoptikern erzählt) führt zusätzlich ein weiteres Wort Jesu an: «Diese Art von Dämon kann nur durch Gebet ausgetrieben werden.» Und beim dritten Evangelist heißt es: «Die Dämonen werden nur durch Gebet und Fasten ausgetrieben.» Vergessen wir nicht, dass bei den Hebräern das Gebet stets mit dem Fasten verbunden war. Daher versteht der Evangelist, bei dem nur vom Gebet die Rede ist, darunter auch das Fasten. Heutzutage nun mangelt es den exorzierten Personen wie auch dem Exorzisten an Glauben. Das ist der Grund, warum es so viel Zeit braucht.

Die Dauer der Befreiung hängt auch ab von der kurzen oder längeren Zeit der Verwurzelung des Dämonischen. Ich hatte einen Fall – einen einzigen – von einem vierzehnjährigen Mädchen, das durch einen Exorzismus, der nicht länger als zehn Minuten dauerte, befreit wurde. Am Tag zuvor hatte sie aus Neugier zusammen mit einer Freundin an einem satanischen Ritual teilgenommen. Als sie am selben Abend nach Hause zurückkehrte, fing sie an zu schreien, zu beißen und Fußtritte zu geben. Der Vater und sein Sohn zerrten die Tochter, die Widerstand leistete, alsbald in ihr Auto und brachten es nach Rom zur Scala Santa. Die Familie wohnte nicht weit von Rom. Es war schon spät in der Nacht und alles war bereits geschlossen. Sie mussten sich bis sechs Uhr in der Frühe gedulden. Als sie nach Pater Candido verlangten, erhielten sie die Antwort, dass er krank sei und keine Exorzismen mehr spende. «Don Amorth ersetzt ihn jetzt.» So wurden sie zu mir geschickt.

Kurz nach acht Uhr trafen sie bei mir ein. Ich hatte bereits mit den Exorzismen begonnen und hatte damit bis über die Mittagszeit hinaus genug Arbeit. Gott sei Dank war ich nicht allein. Ein anderer Exorzist, ebenfalls ein Schüler von Pater Candido, stand mir zur Seite; er war in besserer Form als ich.

Nach einem Exorzismus, der zehn Minuten dauerte, brach das Mädchen zusammen. Sie fiel in Trance. Vorher hatte es mir in die Hand gebissen; meine Reaktion war nicht schnell genug, um es daran zu hindern. Ich sagte zu mir: «Hier musst du Acht geben!» Der andere Exorzist, als er sah, dass das Mädchen zusammengebrochen war, trat an die Liege heran und fragte das Mädchen: «Hast du keine Kraft mehr? Nicht einmal die Kraft zu sprechen?» Mit einer Kopfbewegung sagte es «nein». Drei, vier Minuten später lief es mit seinem Bruder durch die Gänge des Gebäudes. Vollständig geheilt!

Im Fall dieses Mädchens war der Dämon erst am Tag zuvor in sie eingedrungen. Daher erfolgte die Befreiung sehr schnell. Je länger sich der Teufel eingenistet hat, umso tiefere Wurzeln schlägt er und umso schwieriger und länger gestaltet sich die Befreiung.

# Man sollte täglich einen Exorzismus vornehmen können

***Wie viele Exorzismen vollziehen Sie im Jahr? Und wie lange dauert im Durchschnitt ein Exorzismus?***

Ein Exorzist, der nur einen einzigen Patienten hat, sollte ihn täglich exorzieren. Wenn nicht, dann wenigstens einmal wöchentlich. Anders gesagt, mehr als fünfzig Exorzismen im Jahr für die betreffende Person. Schauen Sie doch mal meinen Terminkalender an ... Oben notiere ich die Verabredungen vom Vormittag, unten jene vom Nachmittag. Hier sehen Sie den Monat Dezember, er ist nicht einmal einer der ausgelasteten ... Aber er ist ganz ausgefüllt, der Weihnachtstag inbegriffen!

Was die Dauer des Exorzismus betrifft, dauert er im Durchschnitt eine halbe Stunde, doch manchmal genügt dies nicht. Man muss weiter verfahren, bis die Person erwacht. Wenn eine Person in Trance fällt, muss man warten, bis sie wieder zu sich kommt. Heben wir noch hervor, dass die Patienten, wenn sie wieder zu sich kommen, fröhlich und zufrieden sind. Sie haben den Eindruck, geheilt zu sein. Doch dieser Eindruck trügt. Eine Stunde oder einen Tag später fallen sie wieder in ihren vorigen Zustand zurück.

Mein längster Exorzismus spielte sich am 8. Dezember ab. Der 8. Dezember ist ein besonderer Tag, er ist der Unbefleckten Empfängnis geweiht. Der Exorzismus betraf eine Dame, die schon von Pater Candido jahrelang behandelt worden war. Nach der Erkrankung von Pater Candido wurde sie mir zugewiesen. Ich behandelte sie einmal wöchentlich. An jenem denkwürdigen Tag beteten und exorzierten wir zusammen mit einem anderen Exorzisten fünfeinhalb Stunden. Am

Schluss schien die Frau vollkommen befreit zu sein. Man umarmte sich, man küsste sich, man war hell begeistert und vollends zufrieden. Doch acht Tage später war alles wieder wie vorher. Es war dies wahrlich ein eigenartiger Fall. Es hausten viele Dämonen in ihr und der Teufel hatte sich schließlich tief und fest eingenistet ... Nun, sehen Sie, diese Dame, mit der sich schon Pater Candido befasst hatte, ist auch jetzt, da sie eben sechzig Jahre alt geworden ist, immer noch nicht ganz befreit worden. Eine gewisse Besserung ist eingetreten. Sie kann alle Arbeiten im Haushalt erledigen. Sie kann ein selbstständiges Leben führen; sie ist eine gute Ehefrau, hat Kinder, kann arbeiten ...

Am Anfang, als sie Pater Candido aufsuchte, spürte sie überall Schmerzen, vor allem im Kopf, und all dies ohne ersichtlichen Grund. Sie hatte viele Ärzte konsultiert, doch keiner konnte die Ursache dieser Leiden ausfindig machen. In der Tat war die Frau ein Opfer von Behexungen. Wissen Sie, in neunzig Prozent der Fälle sind Behexungen im Spiel. Diese Frau hat mir eines Tages, als ich zu ihr nach Capranica, wo sie mit ihrer Familie wohnt, fuhr, um ihr den Exorzismus zu spenden, etwas Wichtiges gesagt. Wenn sie in Rom war, kam sie zu mir, aber wenn ich nach Capranica ging, fand die Behandlung in ihrem Haus statt.

Die Frau sagte zu mir: «Don Amorth, Sie wissen, dass wir mehrere Brüder und Schwestern sind. Wir sind alle verheiratet und haben Kinder. Bei uns betete niemand. Niemand von uns ging in die Kirche! Aber nachdem bei mir diese Beschwerden begonnen haben, gehen nun alle zur Messe und beten gemeinsam den Rosenkranz.»

Dieses Bekenntnis der Frau brachte mich auf folgenden Gedanken: Ich verstehe jetzt, warum die Heilungen oft so viel Zeit erfordern. Weil der Herr aus diesen Leiden sehr großen geistlichen Gewinn zieht. Ich habe gesehen, wie

Familien, die sich von der Religion weit entfernt hatten, sich gänzlich veränderten, weil sie in ihrem Schoß einen Fall dieser Art hatten. Die ganze Familie ging wieder zur Heiligen Messe, betete, betete gemeinsam den Rosenkranz, machte Wallfahrten.

## Leiden und geistlicher Gewinn

***Sie sagten, dass oft, wenn die Befreiungen schwierig sind und viel Zeit erfordern, diese den Familien der Besessenen einen geistlichen Gewinn einbringen … Hat sich diese Erfahrung auch auf Ihr Leben ausgewirkt?***

Zweifellos! Ich konnte oft den spirituellen Gewinn wahrnehmen, den der Herr zum Ausgleich der Leiden, die diese Personen erdulden, schenkt. Dadurch, dass man die Leiden Gott aufopfert, rettet man Seelen. Der Herr hat so viele Opferseelen, die ihr Leiden Gott aufopfern. Ich habe eine Biografie geschrieben, die den Titel *Una vita dietro un sorriso*[4] trägt. Es ist die Lebensgeschichte der seliggesprochenen Alessandrina Maria Da Costa, die bald heiliggesprochen wird. Ihr verdanken wir die Weihe der Welt an das Unbefleckte Herz Mariens. Verschiedene Zeugnisse berichten, dass sie die Passion Christi durchlebte und mit den Wundmalen Christi gezeichnet war. In den letzten dreizehn Jahren ihres Lebens nahm sie keine Nahrung mehr zu sich und lebte ausschließlich von der Eucharistie. Sie hatte ständige Schmerzen Tag und Nacht.

Nach einer Offenbarung des Herrn hat diese Frau Millionen von Seelen gerettet. Denken Sie an die Madonna von Fatima, an das was sie den drei Kindern gesagt hat: dass viele in die Hölle kommen, weil niemand für sie betet noch sich opfert für sie. Wir sollten besser sagen: weil niemand sich opfert und betet für sie. Denn das Opfer kommt vor dem Gebet, denn es wirkt stärker. Zahlreiche unheilbar Kranke haben mir

4 Gabriele Amorth, Una vita dietro un sorriso (Ein Leben hinter einem Lächeln), Verlag Elledici, Turin.

gesagt: «Ich bin dem Herrn sehr dankbar für diese Krankheit. Ich opfere dem Herrn alles auf für das Heil der Seelen.» Oder: «Ich möchte nicht darauf verzichten, es ist meine Sendung für die Rettung der Seelen.» Gelähmte, ans Bett gefesselte Menschen ... überall erntet der Herr geistliche Früchte.

Wir sind sehr an die Erde und die irdischen Dinge gebunden. Zwar wissen wir, dass unser Leben auf dieser Erde von kurzer Dauer ist, das Leben in der Ewigkeit aber ewig dauert.

In einem einführenden Gespräch vor der Behandlung erkundige ich mich zunächst nach den bisherigen medizinischen Behandlungen, den ärztlichen Zeugnissen und Untersuchungen. Dann stelle ich ihnen ganz persönliche Fragen; ich frage sie, ob sie beten, ob sie zur Heiligen Messe gehen, ob sie beichten. Ich habe eine Unmenge von Zetteln drucken lassen, auf denen die zehn Gebote geschrieben stehen, und die ich jeweils an meine Patienten verteile mit den Worten: «Lesen Sie diesen Zettel mit den Zehn Geboten. Lesen Sie ihn aufmerksam!» Ich beginne stets mit dem dritten Gebot über die Pflicht zur Sonntagsheiligung. Dann gehe ich direkt zum sechsten Gebot: Du sollst keine unreinen Handlungen begehen. Unreine Handlungen sind nicht die schlimmsten Sünden, doch hier liegt unsere Schwäche. Die schwersten Sünden sind die des Stolzes und des Hochmutes. Zwar ist die Übertretung des sechsten Gebotes die verbreitetste Sünde. So konnte der heilige Alfons von Liguori sagen: «Man kann wegen dieser in die Hölle kommen, jedoch nicht ohne diese Sünde.» Wir alle haben sie als Erbteil mitbekommen. Es ist unsere größte Schwäche.

Im weiteren Verlauf des Gesprächs erzähle ich dann die Episode von jenem Jüngling, der zu Jesus geht und ihn fragt: «Guter Meister, was muss man tun, um ins Paradies zu gelangen?» Jesus antwortet ihm: «Halte die Gebote.» Ich füge dann hinzu: «Vergiss nicht, dass du nicht lange auf der Erde bleiben wirst. Nachher gibt es entweder das Paradies oder die Hölle; es gibt keinen dritten Weg.» Hier gibt es kein Entrinnen.

# Zauberer, Magier, Hexen und ihre Macht

***Sie sagten, achtundneunzig Prozent der Zauberer und Magier seien Scharlatane. Was kann man aber von den restlichen zwei Prozent sagen?***

Das sind Besessene. Oder sie stehen in Verbindung mit dem Teufel. Wenn jemand sich mit dem Teufel verbündet, der bedarf keiner Besessenheit. Er gehört ihm bereits.

Heute hat der Teufel eine sehr große Macht. Er kann sogar heilen ... Um was man ihn bittet, das gibt er: Erfolg, Geld, Vergnügen ... ein ausschweifendes Leben ... also mit allem, was ein solches Leben beinhaltet ... alles! Diese Magier und Zauberer, die an die teuflische Macht gebunden sind, verfügen selber über Macht. Sie bedienen sich dieser Macht, um Menschen an sich zu binden und sie dem Satan zuzuführen.

Es kommt oft vor, dass ich Personen, die in die Netze dieser Magier geraten sind, befreie. Man kann sich daher in etwa die Reaktion der Magier vorstellen, wenn ich ihnen so viele Opfer und «Klienten» wegnehme. Und sie tun mir nichts an, obwohl ich sie daran hindere, ihr schmutziges Geschäft zu Ende zu führen ... Ich kann mir wohl kaum den Groll vorstellen, den sie gegen mich hegen, noch die Anzahl von Verhexungen und Verwünschungen, die sie gegen mich geschleudert haben ... Sie greifen mich nie direkt an. Wissen Sie, wenn jemand in der Gnade Gottes lebt und ein Gebetsleben führt, da hat eine Behexung große, ja wirklich große Mühe, ihn zu erreichen.

# Talismane in der Mauer

Eine fünfundzwanzigjährige Tochter. Die Eltern führen einen Lebensmittelladen. Sie hat eine Schwester und einen Bruder. Im Laden geht alles schief. Bald geht die Aufschnittmaschine kaputt, bald funktioniert die Waage nicht mehr richtig, dann ist es die Registrierkasse, die Probleme aufwirft. Und vor allem: die Kunden kommen nicht mehr. Die Läden in der Nähe sind immer voll von Leuten, die einkaufen. Die Läden bilden zusammen einen Supermarkt. Doch beim Lebensmittelgeschäft der betreffenden Familie gehört es fast zur Normalität, dass der Kühlschrank nur dann funktioniert, wenn er dazu Lust hat, und dass Waren und Geräte von allein den Platz wechseln. Während der Renovierung des Ladens hat die Familie zwei Talismane in die Wand einmauern lassen, in der Erwartung, dass das Geschäft auf vollen Touren laufen werde. Diese Talismane hatten ihnen Magier gegeben, von denen einer in einer Fernsehsendung aufgetreten war und dadurch bekannt wurde.

Die Tochter nimmt in ihren Zimmer bedrückende Präsenzen wahr, vernimmt Stimmen, sieht seltsame Dinge. Sie kann nicht mehr schlafen noch studieren. Sie ist ganz deprimiert. Während der Nacht hat sie das erschreckende Gefühl von der Gegenwart einer lästigen Person über ihr, und fürchtet, von ihr erdrückt und erstickt zu werden. Sie begab sich mehrmals nach Rom zu diesem Magier, der in der Nähe des Kolosseum wohnt ... Dieser hat sie etwa zehn Mal sexuell missbraucht. Er hat ihr Schamhaare und Achselhaare wegrasiert und auch Kopfhaare abgeschnitten. Er machte ein Foto von ihr, auf welches er ihr Geburtsdatum schrieb. Sobald die Tochter mit jemandem ein seriöses Verhältnis anfangen will, stockt alles in ihr; sie fühlt sich an den Zauberer gebunden. Wie man sieht, wurden hier zahlreiche Fehler gemacht.

Ich begann den Laden, das Haus und sechs- bis siebenmal die Tochter zu exorzieren. Sie fiel in Trance und redete. Verschiedene Dämonen meldeten sich: Alef, der böse Geist des Hochmutes und der Rache; Namàr, der jegliche Art von Zuneigung und Liebe zerstört und jeden Versuch, eine Familie zu gründen, zu verhindern sucht. Es genügte, dass die Patientin mit der Stola des Priesters in Berührung kam oder dessen Gebete vernahm, und schon verspürte sie heftige Schmerzen vor allem an den empfindlichsten Körperstellen.

Gegenwärtig, auch wenn es notwendig ist, sie weiterhin zu exorzieren, auch telefonisch, hat sich ihr Zustand doch verbessert. Im Laden, im Haus und im Schlafzimmer haben die dämonischen Infestationen (Verseuchungen) aufgehört. Man nimmt keine Geräusche, keine Stimmen und Präsenzen mehr wahr. Und die verschiedenen Apparate funktionieren wieder normal. Hingegen spürt die Tochter immer noch die bedrückenden bösen Präsenzen in ihr. Die Exorzismen provozieren negative Antworten: «Sie gehört mir. Siehst du nicht, wie du ihr weh tust! Nur ich erweise ihr Gutes.» Der Dämon lehnt es immer wieder ab, auf sie zu verzichten. Sie fühlt sich – wenn auch weniger als früher – niedergedrückt von der furchtbaren Angst, dass sie niemanden lieben könne, dass sie zerstört sei, dass sie sich nicht befreien könne, dass sie sterben müsse. Es wird noch viel Zeit und Gebet nötig sein, um zur vollständigen Befreiung vom Dämonischen zu gelangen.

Dieses Zeugnis scheint mir eine hinreichende Warnung zu sein, sich nicht an Magier und Zauberer, an Kartenleger (-innen) und Wahrsagerinnen zu wenden.

## Schwarze Messen

***Um unsere Leser vor den Gefahren zu warnen, in die man sich begibt, wenn man sich an Magier wendet, möchte ich Sie fragen, ob diese besondere Strategien anwenden, um ihre Klienten – meist schlecht informierte Personen – in ihre Unheil bringenden Fallen zu locken?***

Jawohl, sie haben ganz bestimmte Strategien! Zum Beispiel greifen sie jemanden dann an, wenn sich dieser in einem momentanen Zustand der Schwäche befindet. In gewissen Diskotheken – nicht in allen, man soll nicht verallgemeinern – ist der Verlauf genau geregelt. Ein junges Mädchen besucht eine Diskothek. Zuerst wird geraucht, dann geht man über zu den Drogen, dann folgt der Sex. Und schließlich landet man bei einer satanischen Sekte. Es ist ein großes Unglück für einen Jungen, wenn er Freunde kennen lernt, die Drogen einnehmen, und dann entdeckt, dass diese einen Satanskult praktizieren und schwarzen Messen beiwohnen.

Das Hauptkennzeichen der schwarzen Messen ist immer Verachtung der Eucharistie. Bei einer schwarzen Messe ist es eine nackte Frau, die als Altar dient. Diese sollte jungfräulich sein. Sie wird vergewaltigt, zuerst von dem, der die Rolle des Priesters spielt, und dann von allen anderen. Schließlich tun sie es unter sich. Mit anderen Worten: ein wahres Bordell. Übrigens gehen die meisten zu den schwarzen Messen wegen der Sache, die «nachher» geschieht: wegen des Bordells.

***Unter diesen Umständen besteht nun wirklich die Gefahr eines dämonischen «Einbruchs», nicht wahr?***

Sie sagen es. Während der schwarzen Messen und beim Satanskult geschieht dies oft. Damit ist nicht zu spaßen! Es ist dem Teufel völlig ernst mit seiner Arbeit – und Gott ist nicht gehalten, es zu verhindern. Gott hat uns als freie Wesen erschaffen. Die Priester, die über diese Themen predigen sollten, tun es leider nicht. Sie schweigen über die Existenz der Hölle, des Teufels und über die Gefahren, in die man sich begibt, wenn man den Irrweg einschlägt: rauchen, Drogen, schwarze Messen, Zauberer, Kartenleger(-innen), Wahrsagerinnen. Einige Statistiken sprechen von vierzehn Millionen Italienern, die Kartenleger(-innen) und Wahrsagerinnen konsultieren.

# Die Gefahren des Kartenlegens

***Man muss sich also nicht nur vor Magiern und Sekten hüten, sondern auch vor Kartenlegern und Kartenlegerinnen?***

Ja, denn viele stehen in Verbindung mit dem Satan und zwar mittels eines Paktes, eines Freundschaftspaktes mit Satan. Sie sind nicht dämonisch besessen, sie haben sich mit Satan verbündet, und durch seine Vermittlung können sie Dinge erraten. Sie sind gewissermaßen Funktionäre des Satans.

Die Leute gehen zu diesen Kartenlegern, ziehen Nutzen aus diesen Besuchen und gehen dann öfters zu ihnen. Die erste Wirkung ihres Kontaktes mit Satan zeigt sich darin, dass sie sich vollständig von Gott entfernen. Satan ist nicht daran interessiert, aus jemandem einen Besessenen oder etwas Ähnliches zu machen, sondern er ist darauf bedacht, dass sie sich von Gott abwenden und sündigen. Er will, dass die Menschen in die Hölle kommen. Gott hingegen will, dass wir ins Paradies gelangen. Wer sich an einen Kartenleger bindet und das Gebet aufgibt, begibt sich auf die schiefe Bahn, auf der man sich immer weiter von Gott entfernt und sich dem Satan ausliefert.

Das Kartenlegen ist vielleicht die verbreitetste Form von Aberglauben, und doch ist es schwierig, eine Abhandlung über dieses Thema zu finden. Die Gelegenheit dazu ergab sich für mich aus der Anfrage eines argentinischen Bischofs, der mir schrieb, er habe sich mit einem Fall zu befassen und man habe ihn gebeten, dazu Stellung zu nehmen. Nun aber werde das Thema des Kartenlesens nie oder fast nie in einem kirchlichen Dokument behandelt, was erstaunlich sei, da doch der Brauch, sich die Karten ziehen zu lassen («tirar las cartas» auf Spanisch), weitverbreitet ist.

Hier nun der Fall, wie der Bischof ihn darstellt.

In seiner Diözese gibt es eine praktizierende Katholikin, die «die Karten zieht». Sie tut dies, um den Leuten zu helfen, und nicht etwa um des Geldes wegen und ohne es mit etwas Unlauterem zu vermengen. Ist dieses Verfahren erlaubt? Von der Glaubenskongregation, die der Bischof in einem in lateinischer Sprache verfassten Brief befragt hatte, habe er keine Antwort erhalten.

Ich vermute, dass die Glaubenskongregation deshalb nicht geantwortet hat, weil sie sich noch nie mit diesem Problem gründlich befasst hat. In meiner Antwort, von der ich ausdrücklich sagte, dass es sich um einen persönlichen Gesichtspunkt handelt, habe ich mich auf allgemeine Maßstäbe gestützt, aufgrund derer ich glaube, dass das Kartenlegen zu den Formen des Aberglaubens und insbesondere der Wahrsagerei gerechnet werden muss.

Den Ursprung der Verwendung von Karten kennen wir nicht genau. Es gab sie weder bei den Arabern noch bei den Juden. Vielleicht sind sie von den Zigeunern aus Indien eingeführt worden. Mit großer Sicherheit wissen wir, dass die Karten, bevor sie als Spielkarten verwendet wurden, als Mittel für die Wahrsagung benutzt worden sind.

Man verwendete (und verwendet auch heute noch) gewöhnliche Spielkarten, oder dann spezielle Karten; die bekanntesten sind bei weitem die Tarotkarten. Sie sollen dem Zweck dienen, die Zukunft zu kennen oder Zugang zu okkulten Dingen oder Kräften zu haben. Gerade hier nun liegt die Gefahr. Das Prinzip und daher auch dessen Verurteilung, beruht auf der Tatsache, dass man die Zukunft oder okkulte Dinge kennen will, indem man ein diesem Zweck völlig unangemessenes Mittel benützt. Anders gesagt, man schreibt dem verwendeten Mittel die Macht zu, eine Wirklichkeit oder Ereignisse anzuzeigen, ohne zu bedenken, dass Karten überhaupt keine solche Macht haben können. Auch wenn man dabei den Teufel weder ausdrücklich noch stillschweigend anruft und selbst wenn man das Kartenlegen mit seltsamem Zeug magischer Art ausschmückt – Anzünden von farbigen, in einer bestimmten Weise aufgestellten Kerzen, Gebrauch von Duftkräutern, eine Untertasse mit Wasser, dem man Öl beimischt usf. –, bleibt die Tatsache bestehen, dass man einem Gegenstand eine Macht, die er nicht hat, zuschreibt, und das mit der Absicht, Dinge zu erfahren, die nur Gott kennt … Dies stellt eine schwere moralische Schuld dar und weist auf eine Auflehnung gegen Gott hin, der allein Herr der Geschichte ist, und auf die Preisgabe des Glaubens und des Gebetes. Und dies zu Gunsten einer psychologischen Abhängigkeit vom Kartenlesen dieser oder jener Kartenlegerin.

# Selbstmord als Ziel

***Was ist das letzte Ziel all dieser Aktivitäten seitens der Magier, der Kartenleger, der Satanssekten ...?***

Das letzte Ziel ist der Tod. In der Tat, wenn Gott der Gott des Lebens ist, ist Satan der Gott des Todes. Wie viele Selbstmorde werden doch vom Teufel angeregt! Auch bei kollektiven Selbstmorden ist es der Teufel, der den Anstoß dazu gibt.

Ich habe nie Personen in Behandlung gehabt, die sich in der Folge das Leben genommen haben. Doch hatte ich zahlreiche Fälle von Suizidversuchen zu behandeln. Glücklicherweise hat sich dann immer etwas ereignet, das den Selbstmord verhinderte. Es ist fast unmöglich, dass eine Person, die sich Exorzismen unterzieht, Selbstmord begeht.

Typisch ist der Fall einer Tochter, die ich viele Male exorziert habe und die nun vollständig geheilt ist und zu einem normalen Alltag zurückgefunden hat. Sie ist sogar Professorin geworden. Doch das brauchte Jahre und Jahre! Ich erinnere mich nicht mehr gut, wie der Satan in sie gefahren ist. Pater Candido, der sie lange Zeit behandelt hatte, hat sie mir zugewiesen, als er wegen Erkrankung nicht mehr in der Lage war, sie zu exorzieren.

Wie auch immer, eines Abends stieg sie mit einem Schlafsack zur Eisenbahnlinie Rom-Livorno-Genua hinunter und wanderte dem Geleise entlang. An einer der großen Kurven legte sie sich, eingerollt in den Schlafsack, auf die Schienen. Sie wollte sterben, sie wollte, dass ein Zug sie überfahre. Fünf Stunden lang blieb sie in dieser Stellung liegen. Die Züge fuhren in beiden Richtungen, aber nie über sie. Das kann man nicht erklären, eine Erklärung gibt es nicht.

Ein anderes Mal schlenderte sie hier in Rom auf einer der verkehrsreichsten Straße umher, ohne auf die Verkehrsampeln und anderes zu achten. Sie wollte von einem Fahrzeug überfahren werden. Doch kein Auto hat sie berührt. Sie wollte unbedingt Selbstmord begehen und es ist ihr nie gelungen. Warum? Wenn sich nämlich jemand entschlossen hat, sich exorzieren zu lassen, dann bedeutet dies, dass diese Person den Willen hat, aus ihrer verfahrenen Situation herauszukommen, sich zu befreien. Es findet also ein innerer Kampf statt, bei dem der Herr, wenn man ihn anruft, bestimmt die für die Befreiung notwendigen Gnaden schenkt.

### *Haben Sie Kenntnis von Fällen, die keinen glücklichen Ausgang genommen haben?*

Pater Candido hat mir von einem einzigen Fall dieser Art berichtet: von einer Tochter, die schließlich Selbstmord beging. Sie war in Behandlung bei Pater Candido. Er exorzierte sie, weil sie vom Dämon besessen war. Ihre Mutter war eine hinterlistige Person. Eines Tages ging sie zu Pater Candido, um mit ihm über die Tochter zu sprechen. Er erklärte ihr, woran ihre Tochter litt. «Ja, ja», antwortete die Mutter. Doch Pater Candido merkte sofort, dass sie seinen Erklärungen nicht glaubte.

Sie lebten in einer Wohnung im sechsten Stockwerk. Eines Tages vertraute sie sich der Mutter an und sagte ihr: «Das Einzige, was ich will, ist Selbstmord begehen. Ich halte es nicht mehr aus.» Darauf antwortete die Mutter: «Ach geh! Du taugst zu nichts, du bist nicht einmal fähig, Selbstmord zu begehen!» Die Tochter ging zum Fenster, öffnete es und warf sich hinunter.

Es ist der einzige Fall, den ich kenne von einer Person, die bei einem Exorzisten in Behandlung war.

Die Versuchung zum Selbstmord ist bei gewissen Personen sehr stark, sehr häufig, denn sie leiden enorm. Aber nach meiner Erfahrung ist es bei einem Patienten, der sich exorzieren lässt, unmöglich, dass es soweit kommt, dass er sich das Leben nimmt. Er wird es vielleicht versuchen, aber es wird ihm nie gelingen. Es gibt Fälle von Personen, die Giftstoffe eingenommen haben ... Sie sind alle im letzten Moment der Gefahr entronnen, ins Spital gebracht und mit einer Magenspülung gerettet worden. Ich kenne viele solche Fälle. Der Satan treibt zum Selbstmord, denn er ist der Gott des Todes. Der heilige Augustinus sagt, dass der Teufel uns alle umbringen würde, wenn Gott ihn nicht daran hinderte.

# Ein abgewendetes Drama

Die Familie, um die es hier geht, setzt sich zusammen aus dem Ehemann, einem Zahnarzt, seiner Gattin, Hausfrau und sehr intelligent, und ihrer zwei Töchter. In ihrer Wohnung geschahen seltsame Phänomene: Geräusche von Schritten, nicht identifzierbare Präsenzen, oft sehr heftige Schläge, Lampen, die sich von allein ein- und ausschalteten; das gleiche geschah am Fernsehgerät und am Radio, ferner Gegenstände, die sich von selbst verschoben ... An einem bestimmten Ort im Schlafzimmer herrschte eine starke Kälte wie in einem Kühlschrank ...

Seit einiger Zeit spürte die Frau starke Schmerzen im Magen und im Kopf. Sie verspürte eine Neigung zu Gewalttätigkeit und Rache. Sie empfand tiefen Hass gegen ihren Mann. Eines Abends, als sie nach Besuch eines Restaurants nach Hause zurückkehrte, wurde sie von sexuellen Obsessionen bedrängt, die auf den Kellner gerichtet waren, der ihr ein Fläschchen Parfum geschenkt hatte. Alles wurde zum Vorwand für Auseinandersetzungen mit ihrem Mann benutzt, für Streitigkeiten voll Hass und Rache.

Sie und ihr Mann hatten an verschiedenen Kursen und Versammlungen der New Age-Bewegung teilgenommen. Sie waren gerade dabei, die Stufe eines «Geistführers» zu erreichen. Gleichzeitig machten sie auch bei einer Gruppe der geistlichen Erneuerung mit. Beides erwies sich nicht als förderlich, im Gegenteil, die Frau wurde immer deprimierter und war noch mehr versucht, ihren Mann zu töten und nachher Selbstmord zu begehen. Sie befand sich in einem Gemütszustand, der grundlos zwischen Verzweiflung und irrsinnigem Lachen schwankte.

Als sie sich an mich wandten, schlug ich ihnen vor, mit einer guten Beichte, Kommunionempfang und aufrichtigem

Verzeihen zu beginnen. Ferner gab ich ihnen den Rat, mit der New Age-Bewegung zu brechen und auch ihre Tätigkeit in der Gruppe der geistlichen Erneuerung vorübergehend zu unterbrechen, denn eine übermäßige, auf die eigene Innenwelt gerichtete Introspektion, um zur Unterscheidung zu gelangen, könnte Zustände der Unruhe und Mutlosigkeit hervorrufen. Ich riet ihnen zu einem schlichten persönlichen Glaubensweg mit einer direkteren Beziehung zum eucharistischen Jesus. Auch empfahl ich ihnen den Besuch der Messe während der Woche mit Kommunion, Anbetung und eucharistischem Segen, zu Hause den Rosenkranz, das Exorzismusgebet von Papst Leo XIII. und schließlich das Trinken von exorziertem Wasser und Öl.

Danach exorzierte ich das Haus, wobei ich eine Menge Puppen und orientalische Masken wegräumte, die den Töchtern gehörten. Dann begann ich bei der Ehefrau mit den eigentlichen Exorzismen. Während der Sitzungen sprach sie: «Wir sind Alef und Alimai; diese da hat uns Satan zugewiesen, und sie gehört uns und wir geben sie dir nicht; wir fühlen uns wohl hier.»

Nachdem sie ihr christliches Leben wieder aufgenommen und um Verzeihung gebeten hatte, hat sich nach fünf Exorzismen alles gründlich verändert. Die Geräusche haben aufgehört, ebenso die Auseinandersetzungen und Streitereien. Die Familie kann nachts wieder schlafen. Der zwanghafte Gedanke an jenen Kellner im Restaurant verfolgt sie nicht mehr und ihre Rachsucht ist fast vollständig verschwunden.

Man kann wohl sagen, dass sie endlich den Frieden gefunden haben. Gegenwärtig setze ich die Exorzismen fort (auch kurze per Telefon), wobei ich auf eine vollständige und bleibende Befreiung vertraue.

# Die Kirche äußert sich zu wenig zu diesem Thema

***Warnt nach Ihrer Meinung die Kirche die Gläubigen genügend vor den Gefahren, die mit der Scharlatanerie, der Magie und der Wahrsagerei verbunden sind?***

Leider nicht! Man sagt, dass die meistgelesene Seite der Zeitungen die des Horoskop sei. Das eigentliche Problem liegt im Schoß eines Teils der Kirche. Viele Priester glauben nicht an diese Dinge, und außerdem werden in den Priesterseminaren drei fundamentale Traktate nicht mehr gelehrt.

Der erste Traktat *De Deo creante* behandelt die Schöpfung, die Erschaffung der Engel, die Sünde der Engel, die Trennung zwischen Engeln und Dämonen ... all das wird nicht mehr gelehrt.

Der zweite Traktat bringt das Thema der Moral zur Sprache. Er untersagt den Besuch bei Magiern und Wahrsagern ... und bezieht sich auf die Bibel: «Du lässt den nicht leben, der Magie betreibt.» Damals steinigte man die Magier. Jesus wurde beschuldigt, ein Magier zu sein: «Du handelst im Namen Beelzebuls.» Jesus antwortete ihnen: «Wenn aber auch Satan mit sich entzweit ist, wie soll dann sein Reich Bestand haben? ... Wenn aber ich im Namen Gottes die Dämonen austreibe, so ist ja das Reich Gottes zu euch gekommen.» Der Traktat macht auf all diese abergläubischen Praktiken, wie das Konsultieren von Magiern und Wahrsagern usf. aufmerksam und verurteilt sie. Heute schlägt man diesen Traktat kaum mehr auf.

Der dritte Traktat betrifft die Spiritualität. Der Text spricht vom geistlichen Leben, aber auch von den Angriffen des

Teufels. Es ist darin auch die Rede von den Exorzismen. Diese Materie wurde ausdrücklich gelehrt. Es gibt diese drei Traktate, von denen man aber kaum mehr spricht, nicht einmal an den Päpstlichen Universitäten.

Man beendet das theologische Studium im Priesterseminar und wird zum Priester geweiht, ohne jemals etwas über den Teufel und über den Exorzismus, geschweige denn über die Gefahren, die von der Magie und den anderen okkulten Wissenschaften ausgehen, gehört zu haben ... Oder über teuflische Besessenheit. Somit glaubt man auch nicht an diese Dinge. Man predigt nie darüber.

Sehr oft sind Priester zu mir gekommen, um bei meinen Exorzismen dabei zu sein. Sie haben mir hernach gesagt: «Sehen Sie, Pater Amorth, vorher glaubte ich nicht daran, jetzt aber glaube ich daran!»

Jesus exorzierte unterwegs, öffentlich. Jetzt muss man es heimlich tun.

# Medjugorje und Erneuerung im Geiste

***Zu Beginn unseres Gesprächs haben Sie mit mir über die Erneuerung im Geiste und die mit Medjugorje verbundenen Gebetsgruppen gesprochen. Warum interessieren Sie sich für diese Gruppen und widmen Sie ihnen ihre Zeit?***

Mich interessieren die Gruppen der Erneuerung sehr, weil diese sich das Verdienst anrechnen können, die Lektüre der Bibel und die Andacht zum Heiligen Geist sowie auch die Gebete der Heilung und der Befreiung wieder eingeführt zu haben. Deshalb verweise ich Personen, die mir aus dem Ausland schreiben und von mir exorziert werden möchten, an diese Gruppen.

Um ein Beispiel zu nennen: Da gibt es einen gewissen Herrn in Australien, der mich von dort aus mit Anfragen bestürmte ... Manche nämlich stellen sich fälschlicherweise vor, man könne einfach in Rom landen, einen Exorzismus empfangen und geheilt wieder in die Heimat zurückkehren ..., wo es doch Jahre braucht! Wie ich schon sagte: Ich bin zufrieden, wenn ein Patient nach vier oder fünf Jahren ganz befreit ist. Bei gewissen Menschen sind acht oder neun Jahre dauernde Anstrengungen erforderlich. Das sind gewiss seltene Fälle. Im Durchschnitt braucht es vier oder fünf Jahre. Ohne von jenen zahlreichen Fällen zu sprechen, wo es nie zu einer vollständigen Befreiung von dämonischen Einwirkungen kommt.

Ich bin diesen Gruppen der geistigen Erneuerung sehr verbunden, da sie Gebete der Heilung und Befreiung sprechen, ohne dass sie selbst Exorzisten, ja nicht einmal Priester sind. Sie beten immer gemeinsam. Auch hier in Rom gibt es viele solche Gruppen. In Sant'Angelo in Pescheria zum Beispiel lebt ein Pater Ermete, der kein Exorzist ist, der aber Segen von großer Wirkungskraft erteilt. Er tut dies am Mittwoch und am Samstag. Die Gruppen beginnen um sechs Uhr abends ihre Gebete, doch der Pater ist schon um vier Uhr in der Kirche, um zu segnen und die Beichte zu hören. Er wohnt in Montesacro, wo sich die «Kirche der Schutzengel» befindet; dort spendet er am Morgen den Segen und hört Beichte. Mittwoch und Samstag finden die Gebetsstunden für Heilung und Befreiung statt. Und sie sind erfolgreich, besser gesagt, diese Gebete sind wirksam.

Mit Medjugorje fühle ich mich schon deshalb verbunden, weil ich früher Schriftleiter der marianischen Zeitschrift *Madre di Dio* des Verlages San Paolo war. Als im Jahr 1981 die Erscheinungen begannen, habe ich mich sofort damit beschäftigt. Meinen ersten Artikel über Medjugorje schrieb ich im Oktober 1981. In der Folge verfasste ich über Medjugorje Bücher und viele Artikel. Auch begab ich mich oft an Ort und Stelle. Ich wollte mich selbst von der Echtheit der Erscheinungen überzeugen.

### *Glauben Sie, dass sie echt sind?*

Und wie! Im Verlauf der Zeit entwickelte sich eine freundschaftliche Verbundenheit mit den fünf jungen Sehern, die die Jungfrau Maria gesehen haben. Auch hörte ich den Leuten um mich herum aufmerksam zu. Es ist der Ort in der Welt, wo man am meisten gebeichtet wird und wo die meisten Bekehrungen geschehen. Mehr als in Lourdes, mehr als in Fatima. Es ist der absolute Rekord, sichtbar und zählbar.

Was den Kampf gegen den Teufel betrifft: Viele Leute sprechen Gebete, oft zusammen mit einem Priester. In Medjugorje schließen sie sich zu Gebetsgruppen zusammen.

Im Jahr 1984 habe ich selber hier in Rom eine Medjugorje-Gruppe gegründet. Jeden letzten Samstag des Monats beten wir zusammen drei Stunden lang, wie es in Medjugorje geschieht. Die Gruppe besteht aus Personen, die nach Medjugorje reisten, zu denen auch ich gehörte.

### *Erwähnen Sie bei ihren Exorzismen auch die Madonna von Medjugorje?*

Nein, ich erwähne sie nicht. Gewöhnlich rufe ich die Unbefleckte Jungfrau Maria, die Muttergottes an. Auch bin ich ein großer Verehrer der Madonna von Guadalupe (*er zeigt auf ein Bild der Jungfrau von Guadalupe ...),* die Lateinamerika bekehrt hat, das ohne sie heidnisch geblieben wäre. Vorher versuchten es die Franziskaner, aber ohne Erfolg. Dann ist sie erschienen in der Gestalt eines aztekischen Mädchens. Vergessen wir nicht, dass «die Unsrigen» sich dort sehr schlecht benommen haben. Als Diebe und Mörder. Ich meine jene, die von hier aus nach Amerika gegangen sind. Als die Jungfrau erschien, haben die Einheimischen sie als eine der Ihrigen wahrgenommen und nicht als eine von jenseits des Ozeans importierte Gestalt. Durch die Madonna sind sie zu Gott gekommen und haben sich bekehrt. Ich habe die Jungfrau von Guadalupe auch wegen der Bedeutung des Wortes «Guadalupe» liebgewonnen. In der alten Indianersprache bedeutet es: «Jene, die den Kopf der Schlange zertritt.» Das scheint mir besonders dafür zu sprechen, dass sie Beschützerin auch all jener ist, die das gleiche Amt ausüben wie ich.

# Der Fall Milingo

***Einer, der dem Teufel den Kampf ansagte, war Milingo.***

Ja, das ist wahr. Wir hatten viel zusammengearbeitet und unsere Erfahrungen ausgetauscht. Wir sind Freunde, wir sind es immer noch. Was ihm zugestoßen ist, bleibt ein Geheimnis, eine Frage, auf die ich keine Antwort weiß. Was ich Ihnen sagen kann, ist die Tatsache, dass er mich vor einigen Monaten hier in Rom besuchen kam. Zwei Stunden lang plauderten wir, sprachen über das, was wir gemeinsam erlebt und getan hatten, die Heiligen Messen, die Exorzismen, die Gebete ... Ich sagte mir: «Ich werde ihn nichts Persönliches fragen, um das Band der Freundschaft nicht zu zerreißen.» Da wir Freunde sind, wird vielleicht eines Tages der Zeitpunkt kommen, da ich ihm bei einer eventuellen Rückkehr[5] behilflich sein kann. Wir sprachen also nicht über seine persönlichen Angelegenheiten.

Was meine persönliche Meinung über seine Geschichte betrifft – eine Geschichte, die vor einigen Jahren viel Staub aufwirbelte und auch in letzter Zeit immer wieder ein aktuelles Thema wurde –, so bin ich überzeugt, dass hier der Einfluss des Teufels deutlich erkennbar ist. Wo schuldhafte Verfehlungen, schuldhafte Entgleisungen vorliegen, da versucht der Teufel, uns in die Sünde zu stürzen, uns von Gott

5 Es sei daran erinnert, dass Emmanuel Milingo ein wegen seiner exorzistischen Tätigkeit seines Amtes enthobener Bischof von Sambien ist. Er heiratete und trat der Moonsekte bei. Er versuchte dann, wieder Verbindung mit der Kirche aufzunehmen. Im Jahr 2006 wurde er jedoch aufgrund persönlicher Umstände und seiner Stellung zur Heirat der Priester exkommuniziert.

und der Kirche abtrünnig zu machen. Ein Eingreifen des Teufels hat hier bestimmt stattgefunden. Im Sinne von Einwirkung, nicht von Besessenheit.

Nun, ich bete immer für ihn, dass er zurückkehrt ... Es ist zweifellos wahr, dass er Papst Johannes II. liebte. Übrigens erfolgte seine erste Rückkehr nach Rom aufgrund der Zuneigung, die er zu Johannes Paul II. empfand. Denn er war es, der Milingo aus dem Gefängnis befreite. Milingo war Erzbischof und Vorsitzender der Bischofskonferenz. Man ließ ihn nach Rom kommen, wobei man ihm sagte, dass er mit dem Papst sprechen soll. Er landete in Rom mit einem Köfferchen. Er wolle nur drei Tage in Rom bleiben, sagte er den Leuten, die ihn abholten. Doch diese nahmen ihn fest und brachten ihn zu den Passionistenpatres am Celio und hielten ihn dort widerrechtlich für unbestimmte Zeit fest. Nach drei Jahren begannen zufällig einige Leute, Milingo dort zu besuchen, um sich von ihm segnen zu lassen. Die Passionisten ließen es geschehen. Unter den Leuten, die er segnete, war auch ein Mann, den er nicht kannte. Dieser war in der Tat eine im Vatikan sehr einflussreiche Persönlichkeit, der die Möglichkeit hatte, mit dem Papst zu sprechen. Das tat er dann auch. Er ging zum Papst und erzählte ihm die Geschichte von Milingo. Sofort ließ der Papst ihn von dort wegholen und in den Vatikan bringen. Er verlieh ihm das vatikanische Bürgerrecht und verschaffte ihm auch eine pastorale Arbeitsstelle am Piazza San Callisto. Wie hätte Milingo Papst Johannes II. nicht lieben können! Doch die Bischöfe haben ihn bald wieder wie den letzten Dreck behandelt ...

Gewiss hatte Milingo seine Fehler, das ist wahr. Ich will Ihnen einen Vorfall erzählen, genau so wie man ihn mir berichtet hat. Milingo begab sich jeden Monat nach Desio, einer Stadt in der Nähe von Mailand. Einmal im Monat fand dort ein Gebetstreffen mit einem schwarzen Priester statt. Eines Tages ließ ihm Kardinal Martini, der damals Erzbischof von Mailand war, mitteilen, dass er ihn davon in Kenntnis setzen müsse, wenn er sich dorthin begebe. Doch Milingo weigerte sich, dies zu tun. Seine Freunde aber bestanden darauf: «Was sein muss, muss sein, schreibe zwei Zeilen, wir diktieren sie dir ... Eminenz, an dem und dem Tag werde ich in Desio sein. Punkt, Unterschrift, dies genügt.» Doch Milingo wollte noch immer nichts davon wissen. Er war sehr stolz und auch hart. Erleben müssen, dass man so behandelt wir, dass einem sogar der Zugang zur Kirche verwehrt wird ...

Wir beide haben mehrmals in den Gärten der Villa Doria Pamphili die Messe gelesen. Ein Bischof, dem man für die Messfeier keine Kirche zur Verfügung stellt, wird gezwungen, diese mit Erlaubnis des sozialistischen Bürgermeisters auf dem Rasen zu feiern!

Doch der übelste Streich, den man ihm gespielt hat, geschah in der Basilika San Paolo. An jenem Tag waren Gläubige sogar von Sizilien im Pullmannwagen angereist. Milingo betrat die Kirche, durchschritt unter großem Applaus und bei festlicher Stimmung den Mittelgang zum Altar nach vorn. Als er die Sakristei betrat, um das liturgische Gewand anzuziehen, sagte der Abt zu ihm: «Schau da, ein Befehl des Vikariates ist eben eingetroffen, sie verbieten dir, die Messe zu feiern.» Milingo erblasste. Alle glaubten, er werde zusammenbrechen. Und in der Tat musste man ihn ins Spital bringen. Tausende von Gläubigen erwarteten ihn. Niemandem erwies man Respekt, weder ihm noch dem gläubigen Volk. Sie hätten ihn eine Woche oder wenigsten einen Tag zuvor benachrichtigen können. Nein, man hat zugewartet, bis er in die Sakristei kommt und sich das Schultertuch und das liturgische Gewand überzieht ...

## Es spricht Emmanuel Milingo

Um das, was ich eben über Milingo gesagt habe, zu ergänzen, halte ich es für nützlich, nun sein eigenes Zeugnis, so wie es im Mitteilungsblatt der Vereinigung der Exorzisten veröffentlicht wurde, anzuführen.

«... In Lusaka wie auch an vielen Orten der Welt, wo ich gelebt habe, stellte ich fest, dass viele Christen sich an Heiler wenden, statt Jesus um Hilfe zu bitten. Das ist absurd. Im Evangelium ist Jesus der Heiler von allen Übeln, der Befreier von allen bösen Geistern. Warum gehen viele Christen anderswohin? Die Antwort ist einfach. Weil sie die allgemein verbreitete Auffassung übernommen haben, dass das Evangelium nicht eine lebendige, fortwirkende Realität enthalte, sondern endgültig vergangene historische Fakten erzähle, die einer bestimmten Epoche verhaftet sind.

Meine Überlegungen haben mich zur Überzeugung geführt, dass ich, um ein wirklicher Christ zu sein, all das, was im Evangelium steht, blind glauben muss. Von da an suchte ich meine existentiellen Probleme mit dem Gebet zu lösen, so wie es Jesus gelehrt hat. Der Erfolg war offensichtlich, sowohl was Krankheiten wie auch teuflische Belästigungen betrifft. Auch bin ich mir klar geworden, dass zwischen den beiden Arten von Leiden oft ein Zusammenhang besteht. Die Ärzte sehen sich manchmal mit unerklärbaren Krankheiten konfrontiert. Wahrscheinlich sind dies von Dämonen, den bösen Geistern hervorgerufene Krankheiten; dann können sie allein durch das Gebet geheilt werden … In den folgenden Monaten geschahen nacheinander wunderbare und unerklärliche Dinge. Ich hatte mich ganz den Händen Gottes überlassen ...

In den Monaten Mai und Juni fuhr ich fort, Leute zu heilen und zu befreien. Ich tat es privat, nicht an meinem Amtssitz.

Am dritten Juli nahm ich an einem Treffen der Bewegung *Azione Cattolica* in der Kathedrale teil. Ich hielt den richtigen Moment für gekommen, in aller Öffentlichkeit zu sprechen und zu handeln. Ich sagte: ‹Brüder, wir haben über sehr lange Zeit unter dem *mashawa*[6] gelitten und waren gezwungen, Heiler außerhalb unserer Religion aufzusuchen. Ich sage euch, wir können diese Krankheiten in unserer katholischen Kirche heilen. Jesus ist der wahre Heiler ... Wenn einer von euch an diesem Gebrechen leidet, soll er keine Angst haben. Er soll sich melden, und wir werden versuchen, ihm zu helfen.›

Mein erster Kontakt mit den übernatürlichen Mächten der Welt der Finsternis reicht zurück auf das Jahr 1973. Im April jenes Jahres machte ich eine innere Krise durch. Damals war ich schon seit fünfundzwanzig Jahren Priester und seit vier Jahren Bischof. Ich arbeitete für den Herrn, besaß aber nur ein geringes Wissen von all dem, was das Reich Satans betrifft. Ich machte Bekanntschaft mit der Welt der Satanskulte und mit der Welt der leidenden und ihrem Schicksal überlassenen Menschen. Ich erlebte Grauen erregende Szenen. Ich befreite Personen, die von den Seelen Verstorbener besessen waren. Ich erhielt Fotos von Personen, deren Bild von Nadeln durchstochen waren: in den Augen, auf dem Herz und an anderen wichtigen Körperteilen. Diese Fotos werden manchmal in Flaschen gesteckt, die mit einer Art Tonmasse, der die Verfluchung des verhassten Feindes aufgedruckt ist, versiegelt wurde. Diese werden dann in Flüsse geworfen oder in ein Grab gelegt. Letzteres bedeutet, dass die Person zum Tode verurteilt ist.

---

6 Das *mashawe* äußert sich in einem brutalen Benehmen, wenn ein Mensch plötzlich bestialischen Verhaltensweisen verfällt.

So stellt sich eine Verbindung her zwischen der Person, die die Rache in Auftrag gab, und dem Magier, der sie ausführt. Dieses Verhältnis ist gefährlich. Es ist der Anfang einer Besitznahme der Seele durch Satan, und niemand weiß, wo das endet.

Gewiss sind die von Satan belästigten Personen nicht so zahlreich, wie man manchmal zu glauben geneigt ist. In allen Diözesen sollte es Sachverständige geben, die hier helfen könnten. Nun gibt es jedoch nicht nur Diözesen, die seit vielen Jahren keinen Exorzisten mehr haben, sondern es gibt Bischöfe, die ihren Priestern geradezu verbieten, sich für Exorzismen zu interessieren. Heutzutage vermeiden es viele Geistliche bis in die höchsten Positionen der kirchlichen Hierarche hinauf, vom Teufel zu sprechen. Die Dämonen sind zu einer unter Schutz gestellten Spezies geworden und die Exorzisten werden als Kriminelle betrachtet. Satan darf sich inmitten der Christen der katholischen Kirche bewegen, wie es ihm beliebt.

... Meine Überzeugungen und mein Handeln sind seit Anbeginn immer klar und eindeutig gewesen. Ich bin überzeugt, hätte man seit Beginn meiner ereignisvollen Lebensgeschichte immer die Wahrheit gesucht, statt Hirngespinsten und Missverständnissen Gehör zu schenken, wäre ich jetzt immer noch in Lusaka. Aber wenige haben an meine Aufrichtigkeit und meine guten Absichten geglaubt. Auch die Kirche hat nicht daran geglaubt.»

# Bekenntnisse:

# Ich habe nie Angst gehabt

***Pater Gabriel, Kommen wir wieder zurück auf Ihr Leben. Haben Sie nie Angst gehabt?***

Ich habe immer gesagt, dass der Teufel vor mir Angst hat. Und ich habe auch immer gesagt: Wenn er mich sieht, macht er vor Angst in die Hose. Ich habe nie Probleme gehabt, noch Angst vor dem Teufel.

Aber das ist bei anderen Exorzisten nicht immer der Fall gewesen. Es gibt in der Tat Exorzisten, die vom Teufel in gefährlicher Weise belästigt und verletzt wurden. Ich rate Ihnen, das Buch *Cronista all'inferno* von Renzo Allegri zu lesen. Ein Chronist in der Hölle! Hier in Rom ist der Verfasser einem Exorzisten begegnet, der vom Teufel in den Zustand eines Scheuerlappens versetzt worden war. Er war körperlich völlig ruiniert, konnte hernach nichts mehr tun. Manchmal lässt der Herr es zu, dass solche Dinge geschehen, doch immer, um daraus Gutes zu bewirken. Wer weiß, wie viel Gutes aus den Leiden dieses Exorzisten entstanden ist.

# Die Rolle der Hellseher, der «Sensitiven»

***Und die Hellseher, die «Sensitiven», welche Rolle können sie spielen?***

Es gibt nur einen Charismatiker, dem ich voll und ganz vertraue … Es gibt jedoch viele falsche Charismatiker. Zu diesem einen habe ich schon viele Personen geschickt. Man kann sich auch telefonisch an ihn wenden. Er wohnt in den Marken. Wenn du ihn anrufst, fragt er dich zu Beginn des Gesprächs zuerst nach deinem Namen, nach deinem Alter und dann erzählt er dir deine ganze persönliche Lebensgeschichte. Er sagt dir zum Beispiel: «Als du sechs Jahre alt warst, wurdest du von der und der Person verhext. Diese Verwünschung wurde wiederholt, als du zwanzig Jahre alt warst … Und sie hat dich getroffen …» All das am Telefon. Er wird dir dann sagen: «Pass nun gut auf. Lege die Hand auf die rechte Niere, nein, etwas weiter unten ... drücke jetzt ein wenig ...» «Au! au!» ... «Tut es weh?» Und die Person spürt einen starken Schmerz.

Dieser Mann besitzt eine außergewöhnliche Sensibilität, außergewöhnliche Kräfte. Und diese Kräfte sind wirkliche Charismen. Er ist der Einzige, dem ich vertraue. Da man diesen Herrn aus ganz Italien anruft, ist sein Telefon fast immer besetzt. Er hat einen automatischen Anrufbeantworter, der Auskunft über die Sprechstunden am Morgen und am Nachmittag gibt.

Leider haben wir uns noch nie getroffen, aber da wir telefonisch schon so oft miteinander geredet haben, betrachten wir uns als Freunde. Er schickt mir all jene zu, die ihn von Rom anrufen und ihn um Hilfe bitten …

### *Nimmt dieser Sensitive die Präsenz des Dämonischen wahr?*

Immer. Wenn dieser Professor aus den Marken mir Patienten zuweist, so tut er dies, weil er bei ihnen dämonische Einflüsse festgestellt hat; und manchmal handelt es sich um etwas sehr Gewalttätiges. Seine Diagnosen sind richtig. «Man hat gegen dich zum Tode führende Verwünschungen ausgesprochen! Man hat dich sehr stark behext! Du spürst dieses und jenes ...» Er erahnt alles, ohne die betreffende Person zu sehen und ohne dass sie ihm etwas über sich selbst ausgesagt hat.

Es gibt auch andere Hellseher … Es gibt einen hier in Rom, dem man außergewöhnliche Fähigkeiten zuschreibt. Ich hatte mit ihm Kontakt aufgenommen, habe ihn dann nicht mehr angerufen.

## Das Problem der «sensitiven Hellseher»

Vertrauenswürdige Quellen für die Beurteilung bei der Diagnose in einem bestimmten Fall stellen für den Exorzisten eine große Hilfe dar, insofern solche eine unkritische Abhängigkeit vom eigenen Urteil vermindern. Der Exorzist darf sich jedoch nicht die geringste Unvorsichtigkeit erlauben, denn Satan würde sie gegen ihn oder gegen den Besessenen verwenden.

Einige Hellseher behaupten, sie seien imstande, mit Sicherheit den Charakter einer Person oder die Geschichte eines bestimmten Ortes zu erfassen, so, als würden sie diese Dinge wie auf dem Bildschirm eines Fernsehers sehen. Andere behaupten, aufgrund ihrer vermeintlichen Begabung die gleiche diagnostische Sicherheit bei der Deutung der Bewegungen des Pendels, der jeweiligen Verteilung des in Wasser gegossenen Öls usw. zu gewinnen. Verbreitet ist die Meinung, wonach der Wert dieser Begabungen oder vermeintlichen «Gaben» nach dem gleichen Maß der vom Rituale von 1614 empfohlenen Kriterien zu betrachten sei. Doch wie kann man sicher sein, ob solche Begabungen von Gott oder von unserer menschlichen Natur, von den Engeln oder von Dämonen stammen?

Analoge Fälle, die Seher und Erscheinungen betreffen, können uns bei der Beurteilung, ob solche Begabungen von Gott stammen, helfen. Für die Beurteilung von «Erscheinungen» ist empfehlenswert, wenn man den Seher ausfragt, welches Verhältnis er vor, während und nach der Erscheinung zu Jesus und zur Madonna hat. Dies um festzustellen, ob der «Seher» sich der Notwendigkeit, Jesus in höherem Maß anzubeten und zu verehren, bewusst wird. Die Verehrung ist konkret gelebte Demut. Sie ist etwas, das weder von Satan noch von uns selbst stammen kann. Ist aber kein Fortschritt in der Verehrung Jesu zu erkennen, so bedeutet dies aber nicht, dass die Erscheinungen oder die Begabungen unbedingt vom Teufel stammen; sie können auch von den Engeln oder aus unserer menschlichen Natur stammen.

Es besteht kein Zweifel, dass die Engel über verschiedene Mittel verfügen, um uns zu helfen, die Präsenz des Teufels festzustellen. Doch glaube ich nicht, dass die Engel Methoden benützen, welche die Dämonen zu unserem Schaden leicht nachahmen könnten. Das heißt, dass diese Begabungen (Verwendung von Pendel, Öl ...) entweder von den Dämonen oder aus der menschlichen Natur stammen. Unsere menschliche Natur weist einen großen inneren Reichtum auf, der unerklärbar ist. Zum Beispiel ist bekannt, dass bei Zwillingen der eine weiß, wo der andere sich gerade befindet, was er gerade denkt usw. Oft ahnen die Mütter, was ihren Kindern zustößt, besonders wenn es sich um etwas Besorgnis erregendes handelt. Solche Fähigkeiten können sich als natürliche erweisen. Doch seit der Ursünde werden die Menschen vom Materiellen unmittelbarer beeindruckt, viel mehr als von dem mehr Geistigen und Spirituellen in unserer Natur; sie sind daher weniger geneigt, ihre Fähigkeiten in dieser Richtung weiterzuentwickeln. Denken wir zum Beispiel an den Pfarrer von Ars, der im spirituellen Bereich überaus begnadet, begabt und kompetent war. Gewiss, niemand kann sich selber eine solche Heiligkeit zuschreiben. Aber die Nutzung dieser Fähigkeiten kann uns Irrtümer ersparen, zumindest, wenn es darum geht, eine Besessenheit zu diagnostizieren.

Wird ein Exorzist unvorsichtig, dann wird er sich nicht darauf beschränken, von diesen außergewöhnlichen Phänomenen bei der Diagnose Gebrauch zu machen. Er wird auch seinen eigenen Ermittlungsfähigkeiten eine übertriebene Wichtigkeit beimessen. Zum Beispiel würde es dem

Teufel sehr gefallen, wenn ein Exorzist bestimmte Tätigkeiten bestimmten Dämonen zuschreiben würde, so dass er jedes Mal die Namen der Teufel aus den spezifischen Tätigkeiten derselben ableiten könnte. Wenn dann der Exorzist den Teufel auszutreiben versucht und dabei den Namen verwechselt, kann der Teufel bleiben, wo er ist, wobei er so tut, als ob er ausgezogen sei!

Es ist wichtig zu wissen, dass im Reich der rebellischen Engel keine Demokratie herrscht, sondern eine strenge Hierarchie. Sie handeln und sprechen gemäß dem Willen ihres Chefs. Das ist der Grund, warum viele Dämonen, die etwas simpel sind, sich darauf einlassen, ihren Namen zu nennen. Sie würden sich sonst in ihrem Handeln und Sprechen den Umständen und Forderungen der jeweiligen Person, die sie quälen, oder des jeweiligen Exorzisten anpassen.

## Eine Begabung. Doch woher stammt sie?

Die besondere Sensibilität dieser Personen kann entweder aus der Natur des Menschen oder von Gott oder vom Dämon stammen. Stammt sie von der Natur, so ist der richtige Begriff «Hellseher» (Sensitiver), zum Beispiel ein Wünschelrutengänger, der das Wasser aufspürt. Es ist eine besondere Sensibilität, die manchmal als ein sechster Sinn bezeichnet wird, der sich nur auf natürliche Tatsachen bezieht. Er kann uns also keineswegs behilflich sein, wenn wir herausfinden wollen, ob bei einem Patienten dämonische Präsenzen oder dämonische Einflüsse vorliegen.

Wenn diese besondere Sensibilität und Wahrnehmung von Gott stammt, dann handelt es sich um Charismen und man soll dann nicht von Hellsehern sprechen, sondern von Charismatikern. Ich will mich nicht bei Definitionen aufhalten und vor allem nicht bei dem wichtigen Problem der Unterscheidung. Tatsache ist, dass viele Exorzisten von der Hilfe der Charismatiker Gebrauch machen; manchmal lassen sie sich auch zu viel von ihnen beeinflussen. Deshalb muss ein Exorzist unbedingt die fundamentalen Regeln der Unterscheidung kennen, die unerlässlich sind, um ihm bei dieser schwierigen Entscheidung zu helfen. Es ist mir schon mehr als einmal passiert, dass ich Leute aufnahm, die bei mir während der Exorzismen mitbeten wollten; ich habe es getan, nachdem ich über sie Erkundigungen eingezogen hatte, die ihnen einen guten und seriösen Eindruck attestierten. Doch in der Folge sah ich mich genötigt, ein Mittel zu finden, um sie zu entlassen.

Wenn diese besondere Sensibilität vom Teufel stammt, auch wenn die betreffende Person es selber nicht weiß – was oft vorkommt –, dann schlage ich vor, hier den Begriff Okkultismus zu verwenden. Ich sagte, dass manchmal die

Person sich dessen nicht bewusst wird, weil sie – aus Unwissenheit – magische Handlungen vollzieht, ohne sich dessen bewusst zu sein, oder weil sie vermeint, sie habe einen «Geist»-Führer, der sie ihr einflößt. Oder sie empfängt die Inspiration aus Quellen, die sie für echt hält (innere Stimmen, Träume, Präsenzen), die jedoch dämonischen Ursprungs sind.

... Für unser spezielles Amt interessieren uns die Hellseher nicht. Wir richten unsere Aufmerksamkeit auf die Okkultisten, weil wir die Menschen vor diesen warnen wollen, auch wenn in vielen Fällen Personen zu uns kommen, die von Magiern oder Zauberern genaue Diagnosen über ihre Beschwerden erhalten haben. Uns interessieren jedoch vornehmlich die Charismatiker wegen der Hilfe, die sie uns bei der Diagnose oder im Verlauf der Exorzismen und der Befreiungsgebete geben können.

# Die Seelen der Verstorbenen

### *Sind sie bei Ihren Exorzismen Seelen von Verstorbenen begegnet?*

Ich kann Ihnen diese Frage mit Ja beantworten. Ich habe dieselbe Frage auch bei einer internationalen Tagung der Exorzisten gestellt. Die meisten Exorzisten, die daran teilnahmen und die sich auf reiche Erfahrung stützen konnten, haben mit Ja geantwortet, nur wenige mit Nein. Auch ich bin auf Seelen von Verstorbenen gestoßen, auch auf verdammte Seelen. Stets habe ich jedoch bei Letzteren festgestellt, dass hinter ihnen ein Dämon steckte, der sie lenkte und beeinflusste. Mit anderen Worten, sie waren Sklaven Satans. Sie waren in der Gewalt des Dämons, der sie benützte, um Menschen zu befallen. Der Dämon bediente sich ihrer, um bei dieser oder jene Person Störungen und Beschwerden hervorzurufen. Aber immer war es der Dämon, der die Befehle dazu erteilte.

Ich konnte diese Entdeckung machen, weil ich ihnen an einem bestimmten Punkt des Exorzismus gebot, ihren Namen zu sagen. Sie weigerten sich – ihre Stimme knurrte wie die des Besessenen. Manchmal suggerierte ich einige Namen, die bekanntesten, die mir gerade in den Sinn kamen: Satan, Luzifer, auch Asmodi, Beelzebub und viele andere – und sie fielen darauf herein ... Tragen die Dämonen biblische Namen, dann haben sie große Macht; es gibt aber auch weniger mächtige; von diesen befreit man sich in kurzer Zeit. Die verdammten Seelen sahen sich schließlich gezwungen, mir zu sagen: «Ja, ich bin der und der ...». Dann frage ich: «Wer führt dich? Wer befiehlt dir? Wer lenkt dich?» Nach manchen Ansätzen schafften sie es, den Namen auszusprechen. Ich konnte dann mit dem Dämon sprechen und vollzog an ihm Exorzismen.

### *Die Dämonen können also die Seelen der Verdammten benutzen ...*

Nach meiner Erfahrung, ja. Aber auch nach der Erfahrung anderer Exorzisten, die zu den bekanntesten gehören. Zum Beispiel Pater Matteo La Grua in Sizilien, der jetzt sehr alt ist und in Palermo wohnt. Er ist vierundneunzig Jahre alt, vollzieht zwar keine Exorzismen mehr, spendet aber immer noch den Segen. Auch er stieß bei seinen Exorzismen auf Seelen von Verdammten. Ich könnte auch von der Erfahrung des verstorbenen Pater Antonio berichten, der in Benevento Exorzist war. Er erzählte mir diesbezüglich von seinen ihn stark berührenden Erlebnissen.

Was das Problem der Präsenz des Dämonischen betrifft, habe ich auf Grund meiner Erfahrung stets die Gegenwart des bösen Geistes feststellen können, sei es in den wenigen Fällen der Besessenheit oder sei es bei den mannigfaltigen Formen der dämonischen Umsessenheit der Person und bei örtlichen Verseuchungen (Infestation). In einem einzigen Fall erklärte der Geist, er sei eine verdammte Seele, und offenbarte seinen Namen, seinen Vornamen, die Umstände seines Todes und den Grund seiner Präsenz im Patienten. Nach Abschluss des entscheidenden Exorzismus konnte ich jedoch nichts Weiteres erfahren. Wie soll man den Fall deuten? Der Dämon kann sich auch als verdammte Seele verkleiden, wie das kirchliche Rituale behauptet. Was die Büßerseelen im Fegefeuer betrifft, bin ich einverstanden mit dem, was andere vor mir gesagt haben: Es sind heilige Seelen, die niemandem Böses antun können.

# Benützt der Dämon die Seelen der Verdammten?

Den Berichten verschiedener Exorzisten kann man entnehmen, dass einige von ihnen mit Seelen zu tun hatten, die zweifellos gepeinigte Seelen waren. Zahlreiche Fälle, die ich zu behandeln hatte, haben mir gezeigt, dass es sicher Seelen von Verstorbenen waren, die aufgerufen werden konnten, und vor allem, dass sie wegen ihrer dämonischen Umsessenheit sich entschieden hatten, an dem und dem Ort zu bleiben, um die Menschen, die dort lebten, zu quälen.

In einem Fall hatte ich mit einem Mann und zwei Frauen zu tun, die in einem Haus gestorben waren. Während einiger Zeit hatten diese die Familie, die nach ihnen dieses Haus bewohnte, gequält. Es kommt vor, dass in einigen Fällen sogar unsere doch so unschätzbaren Gebete des Exorzismus in keiner Weise auf diese Seelen einwirken können. Daher soll man hier zu den Gebeten für die Toten (leicht abgeändert für den jeweiligen Fall) greifen. Gleichzeitig soll man zu diesen gequälten Seelen sprechen, sie verjagen und ihnen zu verstehen geben, dass die Familie, die sie belästigen, keinen Groll gegen sie hege, dass sie ihnen verzeihe. Im Verlauf dieser Gebete versuche ich, diese Seelen in das Licht Christi zu führen, dorthin, wo Gott nach seinem Willen handeln möge.

Es ist eine erwiesene Tatsache – wir wissen es aus vielen von Exorzisten behandelten Fällen und aus vielen Berichten aus Geschichte, Anthropologie und anderen Religionen –, dass nicht alle Seelen nach dem Tod direkt in den Himmel, ins Fegefeuer oder in die Hölle kommen. Einige bleiben hier auf Erden wie «in eine Falle geraten» aufgrund ihres starken Festklammerns an materiellen Gütern oder wegen ihres Grolls und Hasses gegenüber bestimmten Personen oder auch, weil sie sich selbst dem Teufel ausgeliefert haben. Wer mit solchen gepeinigten Seelen zu tun hat, kann gelegentlich entdecken, dass er auf die Anwesenheit des Dämons stößt. In solchen Situationen muss man sehr vorsichtig sein; denn in dem Kampf, der nun bevorsteht, hat man wirklich die Möglichkeit, diese Seele zu befreien, doch besteht auch die Gefahr, dass diese zum Dämon zurückkehrt. Der Teufel ist Meister der Lüge und versucht, uns so viel als möglich irrezuführen. Unsererseits müssen wir stets anerkennen, dass der Herr aus besonderen Gründen solche Situationen zulässt und dass wir erkenntnismäßig daraus Nutzen ziehen können.

Es scheint, dass in den letzten Jahren der Großteil der Fälle es mit jenen Seelen zu tun hatten, die vom Teufel besessen waren und von ihm benützt und manipuliert wurden, um einzelne Menschen oder ganze Familien zu quälen und zu terrorisieren. Man kann bisweilen feststellen, dass die Personen Opfer einer ehemaligen Verwünschung waren, die ihrer Familie galt. Auch hier stellt sich die Frage, ob für die Befreiung viele Exorzismen nötig sein werden. Es hängt dies von den jeweils verschiedenen Situationen ab. Hat man z.B. mit einer Person zu tun, die in die schwarze Magie eingeweiht und zum Satansdienst als Priesterin oder Priester ausgebildet worden ist, dann muss man wohl mit vielen Exorzismen rechnen. Ich kannte einen sehr frommen und opferbereiten Exorzisten, der, obwohl er viel fastete und intensiv betete, dennoch mehrmals die Exorzismen wiederholen musste. Was ich leider auch erleben musste, war die Feststellung, dass bei dem und dem meiner Kollegen Stolz und eine gewisse Art von Ehrgeiz sich bemerkbar machten. Der Teufel findet hier genau das, was er sucht, wenn er bei einem Exorzisten Stolz oder Ehrgeiz bemerkt, nämlich einen Gegner, der nicht auf sein Amt konzentriert ist. Es ist wie im Evangelium, als die Jünger eingestehen, dass es ihnen nicht gelungen sei, die Dämonen zu vertreiben, und der Herr ihnen sagt: «Es gibt Fälle, die Gebet und Fasten erfordern», um ihnen zu verstehen geben, dass sie nur Diener und Werkzeuge der Heil bringenden Gegenwart des Herrn sind.

Meines Erachtens muss man zugestehen, dass wir, trotz der Fortschritte der modernen Technologie, nur als Exorzisten fähig sind, bei Ereignissen und Situationen, mit denen wir konfrontiert werden, rasche Unterscheidungen zu treffen. Der Teufel kennt weder Hindernisse noch Grenzen, wenn es darum geht, Personen und Seelen unter seine Herrschaft zu bringen. Wenn man in einer geschichtlichen Perspektive aktuelle Fälle mit jenen vergleicht, die in der Vergangenheit veröffentlicht worden sind und als klassische Beispiele von Besessenheit oder dämonischer Belästigung betrachtet werden, scheint sich vieles geändert zu haben. Was früher für dieses oder jenes gehalten wurde, wird heute als eine Form von Geisteskrankheit bezeichnet.

Doch erst wenn man mittels des Exorzismus den Patienten zu testen und zu provozieren beginnt, ist es möglich zu sagen, ob das, was heute als Geisteskrankheit bezeichnet wird, wirklich eine solche ist, oder ob es sich nicht vielmehr um ein vom Dämon verursachtes Übel handelt. Denn wir müssen uns immer auf beobachtbare Zeichen und Phänomene stützen. Man kann auch stumme Provokationen vornehmen, zum Beispiel die geweihte Hostie auf sich tragen, ohne dass es jemand weiß, und indem man Weihwasser mit gesegnetem Salz und auch das bei der österlichen Liturgie verwendete Wasser gebraucht. Man sieht dann, was die Patienten zu trinken akzeptieren und was zu trinken sie sich weigern; sie erkennen das Weihwasser und das gesegnete Salz und reagieren darauf.

Jahrelang haben sie mir ins Gesicht gespuckt, nämlich dann, wenn eine dämonische Präsenz vorlag.

Wir müssen aufmerksam bleiben, denn in der Welt, in der wir leben und arbeiten, versucht der Teufel die Macht der Kirche zu zerstören, indem er Christi Priestertum zugrunde richtet. Wir müssen auch lernen, mit unseren Ärztekollegen zusammenzuarbeiten, gerade auf dem Gebiet der geistigen Gesundheit. Psychiater können der Kirche eine beträchtliche Hilfe anbieten. Machen wir es uns zur Gewohnheit, uns auf die Aussagen der Ärzte zu verlassen, wie auch sie uns vertrauen. Schließlich verfolgen wir das gleiche Ziel: das Heil des Individuums als Person.

# Eine Seele in der Finsternis?

Sind es nur die Dämonen, die eine Seele quälen können, oder könnten es auch verdammte Seelen sein? Auch wenn ich berücksichtige, wie sehr der Teufel uns in die Irre führen will, halte ich es für möglich, dass verdammte Seelen sich einschalten können. Wir wissen, dass auch bei den Dämonen eine Hierarchie besteht; warum könnte da ein Oberteufel einem Verdammten nicht befehlen können, eine Seele zu quälen? Ich schließe das aus meiner Erfahrung, nämlich aus Fällen, bei denen sich mir eine viel geringere Kraft entgegenstellte als jene, der ich bei Fällen dämonischer Präsenz begegne.

Es gibt umherschweifende Seelen, die noch nicht ihre endgültige Bestimmung erhalten haben.

Ich will Ihnen eine außergewöhnliche Episode erzählen, von der ich eine Tonbandaufnahme aufbewahre.

Eines Tages stellt sich mir eine Dame vor. Sie klagt über seltsame starke Schmerzen. Ich bete und sie fällt in Trance.

Ich befrage die eventuelle Präsenz, die sich möglicherweise in ihr befindet: «Im Namen Gottes, sag mir, wer bist du!» Die Präsenz antwortet ohne große Schwierigkeiten auf meine Frage: «Ich bin ein Albaner, stamme ursprünglich aus Kalabrien.» Für den Allerseelentag sei er mit dem Auto nach Kalabrien gefahren. Da er dort in betrunkenem Zustand fuhr, kam es zu einem tödlichen Unfall, bei dem auch eine andere Person starb. Ich bemerke, wie er erschrickt, wenn ich von Teufeln und Hölle rede. Dann fragte ich ihn: «Bist du in der Hölle?» Er antwortet mit starker Stimme: «Nein!» «Wo bist du?» «In der Finsternis», antwortet er. Ich bin verblüfft. Ich frage ihn, wie es dazu kam, dass er (seine Seele) in diese Frau eingedrungen ist. Er erzählt mir eine sehr merkwürdige Geschichte, die aber von der Dame, nachdem sie aus dem

Trancezustand wieder zu sich gekommen ist, bestätigt wird. Er erklärt mir, dass er vom Friedhofswärter, der sich gewisser Teile seiner Leiche zum Zwecke einer Verfluchung bedient hatte, gezwungen worden sei, dort einzuziehen.

Ich frage ihn, ob er Gott zu sehen wünsche. Er antwortet mir mit einem langgezogenen «Ja», ein Ja voll Sehnsucht und ohne geringste Spur von Verzweiflung. Eines Tages erwähne ich die heilige Muttergottes. Er kennt sie überhaupt nicht und sagt mir auf einmal, dass seine Mutter Carmelina hieß. Ich beginne, ihn zu belehren, und er hört mir mit Interesse zu. Bei mir regt sich der Zweifel, ob er sich wirklich in der Finsternis (dem jüdische Sheol?) befindet. Auf die Frage, ob er bereit sei, Gott um Vergebung zu bitten für seine Sünden, antwortete er mit Ja. Ich lasse ihn eine etwas allgemein gehaltene Beichte sub conditione ablegen und gebe ihm die Absolution sub conditione.

Dann frage ich ihn, wann er wegziehen werde. Er antwortet: «Binnen zwanzig Tagen.» «Und wohin wirst du gehen?» «Ich werde abbüßen gehen.» Vielleicht ins Fegefeuer ...

Am selben Abend, als die Dame nach Hause zurückkehrt, sagt ihr die in ihrem Inneren präsente Seele deutlich: «Ich habe dir viel Leid zugefügt, aber es ist nicht meine Schuld gewesen. Wenn ich im Himmel sein werde, werde ich für dich viel beten.»

Dieser Fall wirft große theologische Probleme auf. Auch der heilige Franziskus – so wird überliefert – weckte eine in der Todsünde verstorbene Frau wieder auf und nahm ihr die Beichte ab, worauf sie im Frieden wieder einschlief.

# Elvis Presleys «Geist»

Anlässlich einer internationalen Tagung der Exorzisten wurde auch über das Thema «Menschen mit multiplen Persönlichkeiten» diskutiert. Meines Erachtens fällt diese anormale Konstitution in die Zuständigkeit der Ärzte. Hingegen will ich mich kurz mit dem Phänomen des sogenannten «Führer-Geist» befassen, d.h. von Personen sprechen, die sich vom «Geist» eines Verstorbenen gelenkt wissen, wobei dieser «Führer-Geist» oft behauptet, die Seele dieses Verstorbenen zu sein.

In Turin lebt ein Herr, der behauptet, er besitze den «Geist» des Schlagersängers Elvis Presleys, der durch Selbstmord sein Leben beendet haben soll! Ich denke, es kann sich hier höchstens um einen «Geist» im Sinne einer Leidenschaft handeln, die den Sänger Presley beherrschte und die sich auf jenen Herrn von Turin übertragen konnte. Dieser Herr war Pranotherapeut und verehrte den Sänger abgöttisch.

Ein anderer Fall von «geistiger Führung» nahm eine sehr gefährliche Wendung. Es ging dabei um einen Künstler, der mit vierzig Jahren Selbstmord beging. Eine Familie betrachte ihn wie einen Gott, so göttlich schien ihr dessen Werk zu sein. In diesem Klima abgöttischer Bewunderung entdeckte die Tochter dieser Familie eines Tages, dass sie als «geistigen Führer» den Geist des betreffenden Künstlers in sich habe. Die Eltern gerieten darüber außer sich vor Freude ... bis zum Tag, als ihre Tochter selber starke Neigungen zum Selbstmord erkennen ließ. Dank der Befreiungsgebeten konnte sie sich davon befreien. Natürlich hörte die Familie auf, jenen Künstler abgöttisch zu verehren, und die Tochter führt nun ein ruhiges und seelisch ausgeglichenes Leben ohne die Hilfe eines «Führer-Geistes».

Es ist dies ein Bereich, bei dem viele Fragen offen bleiben. Nach den Theologen, die ich darüber befragt habe, ist diese Materie noch zu wenig erforscht. Es fehlen stichhaltige Abgrenzungen, vertiefte biblische, patristische und theologische Untersuchungen. Ein Theologe hat sich sogar geweigert, mir schriftlich zu antworten. «Du muss dich mit deinen persönlichen Ansichten zufrieden geben», sagte er mir. «Du musst sie konfrontieren mit dem, was die anderen denken. Erst am Ende eines langen Weges wird es möglich sein, entscheidende Stellungnahmen von Seiten der kirchlichen Autorität zu erhalten.»

Für uns Exorzisten ergab sich das Problem, als wir versuchten, unsere Erfahrungen miteinander zu vergleichen. Wir wollten wissen, ob es möglich sei, bei unseren Patienten den Seelen Verstorbener (Verdammter? nicht immer) an Stelle von Dämonen oder auf Befehl von Dämonen zu begegnen. Die Meinungen darüber wichen voneinander ab und hingen von der persönlichen Erfahrung des einzelnen Exorzisten ab.

In Erwartung der Parusie, der Wiederkunft Christi, durchleben auch die Verstorbenen eine Periode, die ich als dazwischenliegend oder als Übergangsperiode bezeichnen würde: Obwohl die ewige Bestimmung der Verstorbenen bereits festgelegt ist, haben sie diese, weil ihnen der Körper fehlt, noch nicht erreicht. Auch die Dämonen, die «der Herr für das Gericht des großen Tages mit ewigen Fesseln im Finstern verwahrt hat» (Jud 1.6 und Petrusbriefe), entfalten eine rege Tätigkeit. Wir wissen einiges über die Seligen und über die Seelen im Läuterungsort (sie empfangen unsere Gebete und Fürbitten und sie beten für uns). Wir wissen aber nichts über die Verdammten, die sich doch auch in der Zwischenperiode befinden. Ist es denkbar, dass sie für etwas verwendet werden? Wenn eine Tätigkeit im Guten möglich ist (für die

Seelen im Himmel und jene im Läuterungsort), warum könnte nicht auch eine Tätigkeit im Bösen für die Verdammten möglich sein? Könnte es nicht solche geben, die sich noch in einer Phase der Wahl befinden?

# Man vertreibt mich immer

***Don Gabriele, Sie gehören einem Orden an. Wie wird dort Ihre Arbeit von Ihren Mitbrüdern beurteilt?***

Wie ich Ihnen schon sagte, ist das Amt eines Exorzisten schwierig und wird verkannt. Was mich betrifft, so liebt man mich so sehr, dass man mich schon dreiundzwanzig Mal vom Ort, wo ich Exorzismen vornehme, vertrieben hat ... Man vertreibt mich, man hat mich immer wieder von meiner Arbeitsstätte vertrieben! Denn die Leute wollen das Geschrei nicht hören. Man hat mich hier in Rom von allen Orten, wo ich arbeitete, weggejagt.

***Es muss wohl schwierig sein, in einem solchen Klima des Misstrauens seitens Ihrer Kollegen zu leben?***

Man gewöhnt sich daran ... man gewöhnt sich daran.

***Das ist wahrhaftig ein Kampf an zwei Fronten ... Jene jedoch, die Ihnen helfen sollten ...***

So ist es. Die Bischöfe, auch jene, die Exorzisten ernennen, tun es im Allgemeinen widerwillig. Wenn sie sich wenigsten informieren würden! Etwa darüber, wie das vor sich geht, wie viele Exorzisten es gibt, ob es mehr Exorzisten braucht, wie viele Leute von dieser Angelegenheit betroffen sind ... Wenn sie wenigstens ein Treffen der Exorzisten veranstalten würden, um sich über die Lage zu erkundigen und sie zu prüfen. Aber nichts von alledem geschieht. Sie ernennen jemanden, und der ernannte Exorzist muss sich selber zurechtfinden ... Sie beschäftigen sich nicht mehr damit.

# Die Zahl der Besessenen

***Wie viele Fälle echter Besessenheit gibt es auf etwa tausend vorgenommene Exorzismen? Etwa hundert?***

Mehr. Ich habe viele Exorzismen vollzogen und mache immer noch viele. Sie haben meinen Terminkalender gesehen ... Jetzt sind es etwas weniger, weil ich alt werde. Aber nicht allzusehr. Tatsächlich verbringe ich meine Tage mit der Durchführung von Exorzismen, morgens und nachmittags, und zwar jeden Tag, sogar an Weihnachten und Ostern. Immer. Mit Ausnahme der Zeit, die den Predigten oder meinen Fernsehsendungen gewidmet ist – Tätigkeiten also, die mit meinem Amt in Zusammenhang stehen.

Ich habe, grob berechnet, mehr als siebzigtausend Exorzismen durchgeführt. Selbstverständlich habe ich nicht siebzigtausend Personen exorziert. Die Zahl der exorzierten Personen kann ich nicht berechnen. Ich kann nur die Sitzungen zählen. Es sind heute ungefähr achtzehn täglich, früher waren es mehr. Der Vormittag ist für die schwereren Fälle bestimmt; ich behandle also nicht mehr als fünf Personen; wer sich ohne Verabredung vorstellt, hat keine Chance, empfangen zu werden. Ich würde sonst verrückt.

Es kann vorkommen, dass ich an ein und derselben Person gegen hundert Exorzismen vorgenommen habe. Deshalb bleibt die Berechnung notwendigerweise approximativ. Ich könnte nicht genau sagen, wie vielen Personen ich geholfen habe. Doch bin ich gut mehr als hundert Besessenen begegnet. Die ersten hundert hatte ich alle notiert. Dann fiel mir das Aufschreiben lästig und habe ich damit aufgehört.

Und dann darf man nicht vergessen, dass ich zum Nachfolger von Pater Candido eingesetzt worden war und damit auch seine Erbschaft zu übernehmen hatte. Alle seine Patienten, darunter auch viele, die mit Sicherheit vom Teufel besessen waren oder von ihm gequält wurden, habe ich geerbt. So hatte ich von Anfang an eine «Kundschaft» und zu diesem Kundenkreis gehörten auch ziemlich viele vom Teufel Besessene.

Unter diesen gab es einige, die nie davon befreit worden sind. Der heilige Alfons von Liguori sagt es treffend: «Die vollständige Befreiung gelingt nicht immer, aber es gelingt immer, Linderung zu verschaffen.»

Ich denke an jene Dame, die nicht weit von hier wohnt. Bei ihr kam es zu einer vollständigen Befreiung, doch es brauchte dazu viele Jahre. Zu Beginn war es ein Priester, der sie exorzierte. Dieser Pfarrer und Exorzist war ein guter Freund von mir. Er hatte diese Frau über Jahre in ihrer Krankheit begleitet und exorziert. Nach seinem Tod übernahm ich diesen Fall für einige Jahre bis zur vollständigen Befreiung.

# Ich habe keinen Nachfolger...

***Don Gabriele, haben Sie einen Nachfolger?***

Nein.

***Warum nicht? Wollen Sie niemanden ausbilden, der ihre Nachfolge antreten würde?***

Das hängt von den Bischöfen ab. Eines Tages unterhielt ich mich mit Kardinal Poletti, der mich zum Exorzisten ernannt hatte, und sagte ihm: Für einen Bischof hier in Rom gibt es doch nichts Leichteres als einen Exorzisten zu ernennen. Bei der großen Zahl von kirchlichen Institutionen, die es in Rom gibt! Die Orden und Kongregationen haben hier alle einen Sitz oder eine Niederlassung; es gibt die Generalate und – noch wichtiger – die Provinzialate mit dem Vorsteher einer Ordensprovinz. Es kommt nämlich vor, dass der Generalobere am Hauptsitz die örtliche Situation seines Ordens weniger gut kennt als ein Provinzial. Es wäre da gewiss nicht schwierig, einen Exorzisten zu finden. Hier in Rom gibt es zum Beispiel sehr viele Jesuiten; sie haben die Kirche del Gesù, die Kirche des heiligen Ignatius, bei der Kirche Santo Spirito befindet sich die Generalkurie, ferner verschiede Ordenshäuser ... es dürfte doch nicht schwer fallen, den Provinzial der Jesuiten anzurufen und ihm zu sagen: «Hören Sie mal, beordern Sie doch jemanden zu dieser Art Seelsorge ...» Früher gab es keinen, jetzt aber gibt es einen in der Kirche del Gesù. Vor einem Jahr hatten sie zwei ernannt, einer hat sich wahrscheinlich zurückgezogen. Es dürfte wirklich nicht schwer fallen den Provinzial einer dieser größeren Orden anzurufen und ihn zu sagen: «Geben Sie mir einen!»

### *Geben Sie Schulungskurse? Unterrichten Sie?*

Nein, ich gebe keine Schulungskurse. Für mich besteht die Ausbildung etwaiger künftiger Exorzisten darin, dass ich täglich Exorzismen an meinen Patienten vornehme, wobei immer wieder Priester von sich aus teilnehmen und mich auch durch ihr Gebet unterstützen. Viele Priester, die regelmäßig an den Sitzungen teilgenommen haben, sind später in ihren Diözesen Exorzist geworden. Sie sagen dann gelegentlich: «Ich bin ein Schüler von Pater Amorth.» Und ich sage dann: «Aber gehen Sie!» Ich bin ein Schüler von Pater Candido, das bin ich ganz bestimmt ...

Da gerade von Unterricht die Rede ist, muss ich auch erwähnen, dass es in vielen Städten satanische Schulen gibt. Sie wirken im Verborgenen, von der Öffentlichkeit unbemerkt. Man begibt sich dorthin, schließt sich der Gruppe an, nimmt am Satanskult und den schwarzen Messen teil und wird so kundig und integriert sich immer mehr. Es sind Schulen des Satanismus und der Magie. Ich weiß, dass man den Schülern einst sogar Diplome ausstellte, was sie natürlich einen schönen Batzen Geld gekostet hat ...

### *In einem ihrer Bücher schreiben sie: «Schon die Anwesenheit einer einzigen betrügerischen Person bei einem Exorzismus kann die Wirkung aufheben.» Warum?*

Es genügt, dass eine dem Satan verbundene Person dem Exorzismus beiwohnt, um die Wirkung des Exorzismus zunichte zu machen oder dass andere Teilnehmer von ihr infiziert werden. Leider gibt es solche betrügerische Personen immer wieder, besonders wenn größere Gruppen zusammenkommen, wie z.B. bei Gebetstreffen, die ich hin und wieder veranstalte. Im Monat Juli begeben wir uns ins Stadion von Avellino oder in das von Salerno. Es ist immer die gleiche Person, die diese Treffen organisiert, Pater Michele Vassallo, ein großer Charismatiker. Er ist Mitglied einer erst vor kurzem gegründeten, blühenden Kongregation. Er organisiert viele dieser Gebetstreffen. In ganz Italien gibt es Gebetsgruppen, die sich einmal im Jahr zu einem nationalen Treffen zusammenfinden, entweder in Avellino oder in Salerno. Das Stadion von Avellino ist schöner, weil es kleiner ist; von dort unten erblickt man das Heiligtum von Montevergine. Doch gab es hier Sicherheitsprobleme und letztes Jahr sind wir nach Salerno gegangen und dieses Jahr wir es wiederum Salerno sein. Es sind jedes Mal siebentausend bis achttausend Teilnehmer.

Nun, selbst bei einer so großen Menge kann eine einzige «falsche» Person ihren Nachbarn Schaden zufügen. Bei solchen Massenveranstaltungen mischen sich gewöhnlich immer auch Magier und andere Personen unter die Teilnehmer und versuchen, Teilnehmern Schaden zuzufügen. Sie stellen sich neben eine Person und übertragen auf diese ihre negative Energie. Die Person beginnt, sich unwohl und schlecht zu fühlen, und diese gesundheitlichen Störungen hören auch nach dem Treffen nicht auf. Nachdem das Opfer vergeblich Ärzte konsultiert hat, begibt es sich zum Exorzisten. Dieser stellt fest, dass die betreffende Person tatsächlich vom Dämon angegriffen und belästigt wurde. Unter diesen Umständen dürfte es eher unwahrscheinlich und schwierig sein, dass es bis zu einer Besessenheit kommt, zu einer dämonischen Beeinflussung jedoch schon.

# Tödliche Verwünschung

***Sie sprachen oft von Verwünschungen. Gibt es auch solche, die den Tod herbeiführen?***

Ja, es gibt tödliche Verwünschungen und Verfluchungen, und ich bin solchen Fällen begegnet. Doch meiner Ansicht nach ist deren Wirkung nicht garantiert. Es ist aber wahr, dass es Personen gibt, die versuchen, tödliche Verwünschungen gegen bestimmte Personen auszustoßen ... Der Professor und Charismatiker in den Marken, den ich kürzlich erwähnte, verwendet diesen Ausdruck in der Wendung: «Man hat gegen dich eine tödliche Verwünschung ausgesprochen.» Aber oft meint dieser Ausdruck bloß eine sehr ernste Verfluchung; es ist nicht gesagt, dass man infolge einer Verwünschung stirbt. Unser Leben liegt in Gottes Hand.

Wie viel eine tödliche Verwünschung kostet, darüber kann man nur in sprachloses Erstaunen geraten.

Vor einigen Jahren suchte mich ein junges Ehepaar auf. Die Gattin sprach von einigen Beschwerden. Sie waren seit anderthalb Jahren verheiratet und während dieser ganzen Zeit blieb die Regel aus. Hin und wieder fiel sie in Ohnmacht. Sie reagierte allergisch auf jede mit Öl oder Fett angemachte Speise, was schwere Durchfälle auslöste. Ich begann mit dem Gebet und stellte fest, dass hier etwas nicht stimmte. Vom allgemeinen Gebet ging ich über zum Heilungsgebet. Die Wirkung erfolgte unmittelbar. Beim nächsten Besuch sagte mir die junge Frau, dass sie jetzt wieder alles essen könne, die Störungen und Beschwerden seien verschwunden.

Ich gab ihr den Rat, die Kopfkissen zu überprüfen. In einem der Kopfkissen wurde eine «Medaille» entdeckt. Ihr Mann vernichtete sie draußen im Freien. Als er dann zurückkehrte, sah er, dass es seiner Frau sehr schlecht ging und dass sie eine «Medaille» erbrach, die gleich aussah wie jene, die er vernichtet und entsorgt hatte. In diese war jedoch das Bild einer Monstranz eingeritzt.

In der Nacht vom 10. auf den 11. Februar (Jahresgedächtnis der Erscheinung von Lourdes!) werde ich um ein Uhr angerufen: Die junge Frau liege im Koma. Ich fahre sofort hin und bete für sie. Sie erwacht, doch kurz darauf fällt sie wieder in die Bewusstlosigkeit zurück. Ich bete weiter und sie erwacht erneut aus dem Koma, doch ist sie vollständig gelähmt. Ich beginne von neuem zu beten, wobei ich die Hände auf die verschiedenen Partien des Körpers lege. Nach zweieinhalb Stunden Gebet erhebt sich die Frau schließlich und geht im Zimmer hin und her. Die Lähmungen werden sich später häufig wiederholen, insbesondere an den unteren Gliedern. Manchmal genügt es, wenn ihr Mann sie mit exorziertem Öl leicht massiert und dabei die Gebete, die ich ihm empfohlen habe, rezitiert. Die Starre der Beine löst sich dann. Doch manchmal bedarf es wieder meiner Mithilfe.

Ich habe den Weg dieses jungen Ehepaares weiterverfolgt und mich wöchentlich nach dem Befinden der jungen Frau erkundigt. Aber mit der Zeit hat sich leider alles verschlimmert. Liter und Liter von Durchfall in verschiedenen Farben, als ob der Körper ein zu kleiner Behälter wäre, um all diese Flüssigkeit fassen zu können. Das Haus ist «verseucht» (Infestation) und die Situation verschlimmert sich immer mehr. Ich sehe nun die Notwendigkeit, eigentliche Exorzismen vorzunehmen. Doch diesem Vorhaben stellen sich Schwierigkeiten entgegen. Meine Mitbrüder sind dagegen, dass ich dieses Amt in ihrer Diözese ausübe, wo ich doch in der Diözese, in der ich vorher war, dazu ermächtigt worden war. Dem Bischof schienen die Hände gebunden zu sein, doch schlussendlich gab er mir die Erlaubnis, aber nur für diesen

Fall und nachdem die Eltern der jungen Frau, die inzwischen ständige Ohnmachtsanfälle erleidet, sich ohne Unterlass bemüht hatten, mit ihrer Bitte auf den Bischof einzuwirken.

Zu Beginn der Exorzismen nehmen die Beschwerden zu. Die junge Gattin kann keine Speise mehr behalten und muss die ganze Zeit erbrechen. Ich bin überzeugt, dass es sich nicht um einen Fall von Besessenheit handelt. Trotzdem fahre ich mit den Exorzismen fort, da ihr Zustand Besorgnis erregend ist. Jetzt erbricht sie die seltsamsten Dinge: Glas, Nägel, Gaze, metallene Schnallen, kleine tierähnliche Gegenstände ...

Innerhalb von vierzehn Tagen versinkt sie dreimal in tiefe Bewusstlosigkeit. Als dies das erste Mal geschieht, hebe ich nach den Gebeten ihre Augenlider hoch: Die Pupille sieht man nicht mehr, nur noch das Weiße des Auges. Dann aber erscheint die Pupille wieder. Ich zeige der Kranken das Kruzifix und bete: «Fugite partes adversae ...» (Fliehet ihr feindlichen Mächte!). Die junge Frau erwacht aus dem Koma. Beim zweiten Mal rufe ich nach dem Gebet den heiligen Pater Pio an, wobei ich eine Reliquie auf den Kopf der Patientin lege. Es ist das einzige Mittel, um sie aus dem Koma herauszuholen. Als sie zum dritten Mal im Koma liegt und sich der vorgenommene Exorzismus als unwirksam erweist, spreche ich einen derben Satz aus, den ich manchmal benutze, weil er wirksam sein kann: «Der heilige Franziskus scheiße dir in den Mund!» (ein von einer Episode in den *Fioretti* angeregter vulgärer Satz). Die junge Gattin bewegt sich hin und her und kommt wieder zu sich.

Im November des folgenden Jahres zieht das Ehepaar in das Haus der Eltern der jungen Gattin, wo sie ihre Situation so gut wie möglich verheimlichen wollen. Das häufige Erbrechen geht weiter und die junge Frau ist gezwungen, die ganz Zeit zu essen. Dann erbricht sie die Speisen und stößt anschließend weitere seltsame Gegenstände aus. Hunderttausend Lire im Tag reichen nicht, um sie zu ernähren. Doch das seltsamste Phänomen ist, dass mit den Speisen auch kleine Zettel ausgestoßen werden, die zusammengesetzt ein Puzzle bilden. Zuerst erscheint das Bild einer Frau im Format einer Postkarte, worauf oben der Name der Braut und das Datum der Heirat geschrieben stehen. Dann folgen sakrale Bilder und Gebete: zwei Ikonen, ein Kruzifix aus dem 8. Jahrhundert, ein Antlitz Jesu. Es handelt sich um Bilder, die der Pfarrer zurückließ, als er das Haus segnete. Auf der Rückseite einer Ikone war das Segensgebet gedruckt. Wir bemerken, dass ein Schleier das Bild überzieht. Hebt man ihn hoch, erscheint das Programm, das der Magier für die junge Braut vorgesehen hat. Es ist eine Tod bringende Verwünschung mit dem vorgesehenen Ablauf dieses Vorhabens. Nach einem festgelegten Zeitplan sollen Einzelheiten des Vorhabens sich verwirklichen. So soll ihr Tod durch starke Blutung (Hämorrhagie) in der Zeit zwischen dem 24. März des laufenden Jahres und dem 17. März des folgenden Jahres erfolgen. Eine vom Teufel besessene Patientin, die ich damals behandelte und die beim Exorzismus in Trance fiel, warnte mich: «Ihr müsst fliehen, den Piemont verlassen ...» Sie, die von der ganzen Geschichte nichts wusste, setzte mich auch in Kenntnis darüber, dass die junge Frau an Blutung sterben müsse.

Am Tag vor dem für den Tod vorgesehenen Datum beschließen die jungen Eheleute und ihre Eltern, nach Ligurien zu verreisen. Ich begleite sie, nachdem ich vor der Abreise verschiedene geschlossene Klöster um ihr unterstützendes Gebet ersucht habe. Am 17. März um 23.55 Uhr, nachdem sie den ganzen Tag Nahrung und mit einem Kugelschreiber beschriebene Zettel erbrochen hat, erfahren wir, dass sie einen spitzen Gegenstand in der Scheide hat. Es ist ein fünfzehn Zentimeter langer verbogener Draht. Der vom Magier programmierte Tod tritt nicht ein, sondern es kommt bald zur Befreiung. Indessen ist der Leidensweg noch nicht ganz zu Ende. Die Befreiung verzögert sich, weil die Person, die dem Magier den Auftrag zur Verwünschung gegeben hat, diesem eine weitere riesige Summe zahlt.

Auf anderen sakralen Bildern, die die junge Frau Stück für Stück erbricht, erscheint die Person, die die Verwünschung ausgelöst hat: Es ist ein Verliebter, der von der Angebeteten abgewiesen wurde. Dieser hat nun dem Magier eine zweite riesige Summe entrichtet, damit dieser eine neue Verwünschung in Gang setze. Diese Verwünschung missglückt, da das junge Ehepaar die Wohnung der Eltern, in der sie noch ein Jahr hätten bleiben sollen, bereits verlassen hatte und anderswohin zog.

Heute können wir sagen, dass diese junge Gattin fast ganz geheilt ist. Sie muss nur noch bestimmte Vorsichtsmaßnahmen einhalten, die ich ihr erklärt habe.

Wir haben etwas später erfahren, dass der Auftraggeber der Verwünschung dem Magier nicht weniger als 3.800.000.000 Lire ausgegeben hat. Da die junge Frau alles, was sie aß, ergeben musste, wog sie schließlich nicht mehr als 30 Kilo, ohne von den unsäglichen Schmerzen zu sprechen, die sie erleiden musste. Sie hat sich aber sehr schnell erholt, indem sie exorziertes Wasser trank. Es ist unerklärlich, dass sie nicht gestorben ist, nachdem sie so viele Monate verbracht hatte, ohne sich ernähren zu können.

Ich besitze die Fotokopien der Programme des abgewiesenen Liebhabers. Man sieht darauf auch seine Unterschrift sowie auch die seines Vaters, der den Magier bezahlt hatte. Ich habe auch die eigenhändig unterzeichneten Programme des Magiers. Es ist möglich, dass der betreffende Liebhaber tot ist, denn es war vorgesehen, dass er zusammen mit seiner

Geliebten aus dem Leben scheiden werde. Wir sind dabei, vieles in dieser Angelegenheit zu überprüfen und weiter nachzuforschen, was sich aber nicht als leicht erweist. Ich könnte sogar eine Probeauswahl der erbrochenen Gegenstände zeigen. Es gäbe hier Stoff für ein ganzes Buch!

# Glas und Nägel erbrechen

***Haben Sie Gegenstände, die bei Verwünschungen verwendet werden, und auch solche, die sich während der Exorzismen materialisiert haben, aufbewahrt?***

Ich habe in meinem Zimmer mehr als zwei Kilo aufbewahrt. Nägel, manche so lang (*er wies mit den Händen auf eine Länge von ungefähr zehn Zentimetern hin),* Plastikpuppen, sehr viele kleinere Gegenstände aus Eisen und verschiedene andere Gegenstände ... Ich sah, dass sich diese Gegenstände (die ich mit der Hand berühren konnte) erst im Augenblick, da sie aus dem Mund herauskamen, materialisierten. Hätte man kurz vor deren Materialisierung beim Patienten eine Röntgenaufnahme gemacht, hätten die X-Strahlen auf dem Röntgenschirm nichts gezeigt ... Und, ich sage nochmals, diese Gegenstände sind oft so lang! Und außerdem muss der Exorzist darauf gefasst sein, immer wieder angespuckt zu werden.

Was diese Phänomene betrifft, kann ich ein besonders ergreifendes Zeugnis anführen.

Es handelt sich um einen fünfundachtzigjährigen Mann, der sich, wie die Ärzte bestätigen, bester Gesundheit erfreut. Er raucht ohne weiteres seine vierzig Zigaretten täglich. Er war verheiratet und hat einen Sohn. Seine Frau ist nach einem Unfall gestorben; sie fuhr mit dem Fahrrad und wurde bei einem Sturz gegen eine Mauer geschleudert. Die Mutter dieser Frau, die Schwiegermutter also, wollte nun den Witwer mit ihrer zweiten Tochter verheiraten. Diese aber war von einem anderen Mann geschwängert worden und ihre Mutter zwang sie, abzutreiben und dann den Fötus in den Abwasserkanal zu werfen. Der Mann lehnte den Heiratsantrag entschieden ab. Daraufhin beschloss die Schwiegermutter, sich zu rächen. Da sie sich dem Aberglauben und dem Okkultismus ganz hingab, ließ sie den Schwiegersohn behexen, eine tödliche Verwünschung gegen ihn aussprechen. Es wurde eine auf einem Holzbrett angenagelte Stoffpuppe mit einem Magen voller Flaschenglasscherben gefunden.

Daraufhin beschloss der Mann, die Gegend seiner verstorbenen Frau zu verlassen und in seinen Heimatort zu ziehen. Dort aber begann seine Leidenszeit. Aus seinem Mund erbrach er Nägel und Glasscherben und sogar aus dem After. Sie fielen ihm dann aus den Hosenbeinen; manchmal, wenn er sich nach dem Mittagsschläfchen vom Sofa erhob, spürte er, wie er von Stecknadeln gestochen wurde. Und so ging es über Jahre weiter. Er fiel oft auf den Boden und gab Glasscherben und Nägel, auch fünfundzwanzig Zentimeter lange, die dick wie der Daumen waren, von sich. Die Ärzte, die ihn untersuchten, konnten keine Krankheit feststellen, obwohl er auch direkt vor ihnen Glasscherben erbrochen hatte. Auch die Röntgenaufnahmen zeigten nichts Verdächtiges. Es kam vor, dass er sich auf dem Boden schlängelte wie eine Schlange oder dass er umfiel, als ob er hochgehalten und dann fallengelassen worden wäre, ohne sich dabei zu verletzen. Von Pater Candido erhielt er zweimal Exorzismen.

Weitere erfolgten, sei es in direktem Gegenüber oder sei es aus Entfernung. Seine Reaktionen darauf waren sehr heftig, er fluchte und war sehr erregt. Er wurde selten gewalttätig. Er spürte den Darm, die Beine und andere Teile des Körpers wie vernagelt; er fühlte, wie die Glasscherben ihn zerschnitten, und versucht, diese wieder auszuspucken, und erbrach sie. Er verletzte sich aber nie mit den Glasscherben, während sein Sohn und auch ich uns an den Scherben schnitten, als wir sie in die Hand nahmen.

Jetzt geht es aber besser. Auch kann er jetzt die Kommunion empfangen, und von da an hat er keine Gegenstände mehr erbrochen und ist auch nicht mehr umgefallen. Er kann aber noch keine Kirche betreten, denn sobald er vor der Kirchentür steht, spürt er eine große Kraft, die ihn zurücktreibt.

Da er weit entfernt wohnt, erhält er Exorzismen vor allem aus der Entfernung. In seinem Haus vernimmt man seltsame Geräusche und Gegenstände verschieben sich immer wieder. Ein Mitbewohner konnte während eines ganzen Jahres nicht aus dem Haus gehen; wenn er die Türe öffnen wollte, blieb er wie blockiert stehen. Nach Exorzierung des Hauses hörten diese Störungen auf.

Er besaß einen großen Weinberg. Eines Tages bemerkte er, dass zwei Rebstöcke ausgerissen waren. Er dachte zunächst, dass es sich um einen bösen Streich oder um einen feindseligen Akt handle. Vierzehn Tage und Nächte lang hielten er und seine Angehörigen Wache, doch vergeblich, die Rebstöcke wurden immer noch ausgerissen. Binnen zwei Wochen war der ganze Weinberg zerstört.

Um eigene Milch zu haben, hatte er eine Ziege gekauft. Sobald diese in sein Haus kam, hörte sie auf zu fressen und zu trinken. Dies dauerte zwei Wochen. Nach einer Segnung – eine Art von angepasstem Exorzismus, bei welchem dem Tier exorziertes Öl und Wasser ins Maul gegossen wird – begann die Ziege, die dem Tode nahe war, wieder zu fressen.

Ich glaube, dass all diese Phänomene von der Negativität herstammen, die dieser Mann immer noch in sich trägt.

# Ein verfluchter Anzug

Es scheint mir nützlich, das Zeugnis einer Person zu veröffentlichen, die heute vollständig vom dämonischen Einfluss befreit ist.

«Ich bin während vielen Jahren krank gewesen. Ich litt an verschiedenen unerklärlichen körperlichen Symptomen, welche die Medizin nicht zu diagnostizieren wusste. Von diesen seltsamen Übeln bin ich erst befreit worden, als ich mich an einen Exorzisten wandte. Diese schmerzhaften Symptome verspürte ich das erste Mal, als ich zu Hause Kleidung anzog, die mir eine Frau geschenkt hatte. Die Frau drängte mich, ich solle den Anzug doch bald tragen. Kurz darauf, als ich den Anzug trug, wurde ich von beklemmenden Ängsten befallen. Mein Wille war wie gelähmt, ich konnte nicht mehr reagieren noch sprechen. Gleichzeitig verspürte ich auch andere ebenso seltsame wie schmerzhafte Symptome. Mein Körper bedeckte sich bis zur Taille mit großen und beeindruckenden Blasen, die brannten und unerträglich schmerzten; sie wechselten zusehends ihre Lage, man konnte sehen, wie sie vom Gesicht zur Taille wanderten, Arme und Oberkörper überzogen. Ich war von diesen brennenden Blasen wie um-hüllt. Dieses Phänomen dauerte mehrere Stunden. Durch die Exorzismen wurde ich davon befreit. Doch diese Blasen hatten Spuren hinterlassen. Mein Gesicht war wie entstellt. Ich wagte nicht mehr, mich im Spiegel anzuschauen; das Gesicht war dermaßen aufgeblasen, dass es mich hinderte, die Augen zu öffnen. Doch nach den Exorzismen war ich wieder in Form und fand auch den inneren Frieden wieder.

Ich hatte außer den geschilderten noch andere Störungen: unerklärliche panische Ängste, die mich plötzlich befielen, schlagartige Lähmungen und Durchfälle. Die Ärzte konnten alle diese Störungen nicht erklären. Dank der Exorzismen bin ich ganz geheilt.»

## Lauernde Gefahren

***Wie reagieren Ihre «Patienten» im Allgemeinen? Wie äußern sie ihre heftige Abneigung gegen die Befreiungsgebete während des Exorzismus?***

Nun, es gibt sehr viele, die mich anspucken. Sie berechnen den richtigen Moment und tack! spucken sie dir mitten ins Gesicht. Doch der Exorzist, der ein wenig Erfahrung hat, weiß sich vor den Auswürfen zu schützen; er versucht, ein Papiertaschentuch vor sein Gesicht zu halten.

Ich erinnere mich an einen Patienten, der ständig spuckte. Sobald ich merkte, dass er es tun wollte, drückte ich ihm noch rechtzeitig meine Hand auf den Mund. Da traten aus seinem Mund drei Nägel heraus, die sich materialisiert hatten. Ich habe sie aufbewahrt, sie befinden sich hier oben, in meinem Zimmer im dritten Stock.

Ich habe sie manchmal zu Fernsehsendungen mitgenommen, um sie dem Publikum zu zeigen. Denn in Fernsehsendungen muss man auch etwas vorzeigen, die Zuschauer etwas sehen lassen.

Man weiß heute noch nicht, mit welchen Faktoren diese Phänomene im Zusammenhang stehen. Es gibt so viele Arten von Behexungen. Zu den verbreitetsten Mitteln gehören: eine Tasse Kaffee, Zahnpasta in der Schokolade ... Ich sage immer: Gebt Acht, wem ihr einen Besuch abstattet, wenn das eine Person ist, der ihr misstraut, wo zu befürchten ist, dass sie etwas Böses im Schilde führt. Seid vorsichtig. Zum Beispiel: Eine Frau besucht ihre Tante, die einen Kuchen vorbereitet hat. Ein Stück davon ist abgetrennt. «Es ist für dich, Liebe», sagt die Tante. Es ist möglich, dass die Verhexung gerade darin steckt.

Dieser Fall mag banal erscheinen, doch solches ereignet sich oft! Ein Stück Kuchen, eine separat vorbereitete Süßspeise, ein Getränk. «Trinkst du nicht?» «Nein, ich habe keinen Durst.» «Aber so was! Probiere doch mal» und die Behexung steckt drin.

Verhexungen werden gewöhnlich mit Menstrualblut angefertigt, weil dieses einen Bezug zum Leben hat. Oder man tötet Tiere, vor allem Hühnchen, Katzen und Hunde. Man benutzt deren Blut. Man verwendet ebenfalls Erde, die man auf dem Friedhof geholt hat. Aus alldem macht man ein Gemisch, so dass es schließlich unerkennbar wird. Dann spritzt man einige Tropfen davon in eine Schokolade, eine Praline, eine Tasse Kaffee und die Behexung kann zum Angriff übergehen.

Wie vielen Personen habe ich doch schon gesagt, sie sollen nicht zu ihrer Schwiegermutter essen gehen, sollen sie nicht einladen, ihr die Tür vor der Nase zuschlagen! Den Verkehr mit ihr abbrechen. Es gibt Fälle, wo man jeglichen Verkehr sogar mit den eigenen Eltern meiden soll. Aber auch Fälle, wo das Gegenteil angezeigt ist. Eltern, deren Tochter oder Sohn sich gänzlich dem Satan ausgeliefert hat und negativ geworden ist, sollen jegliche Beziehung zu ihrer Tochter oder ihrem Sohn abbrechen, sie nicht zur Tür hereinlassen, mit ihnen nicht telefonieren oder ihnen nicht schreiben ...

# Eine okkultistische Schwiegermutter

Das folgende Zeugnis von einem Opfer veranschaulicht das Thema der von Verwandten angeordneten und ausgestoßenen Verwünschungen.

«Ich bin seit zwei Jahren verheiratet. Aber diese Heirat ist leider von meinen Schwiegereltern nie anerkannt worden, vor allem nicht von meiner Schwiegermutter, die nicht einmal zur Heirat kam, zur Heirat ihrer einzigen Tochter! Wenn ich von meinen Leiden spreche, so tue ich das, weil wir seit vier Jahren einschließlich der zwei Jahre der Verlobung ein furchtbares Leben führen.

Die Gründe, warum meine Schwiegermutter mir gegenüber eine dermaßen ablehnende Haltung einnahm, liegen in der Tatsache, dass sie für ihre Tochter eine andere Heirat, nämlich mit dem ehemaligen Verlobten, geplant hatte. Doch diese wollte nichts davon hören, denn er war ein gewalttätiger, Besitz ergreifender Typ, der sich die Verlobte – meine Frau also – mit ständigen Drohungen unterjochte. Meiner Frau gelang es, sich gegen ihn aufzulehnen und mit ihm zu brechen.

Ich muss noch hinzufügen, dass meine Schwiegereltern mit den Eltern dieses Ex-Verlobten eine enge Freundschaft geknüpft hatten. Meine Schwiegermutter und seine Mutter hatten nämlich entdeckt, dass sie die gleiche Leidenschaft für den Okkultismus und besonders für das Kartenlegen teilten. Von Bekannten haben wir erfahren, dass meine Schwiegermutter an verschiedene Kartenleger Millionen (Lire) ausgegeben hat, um unsere Scheidung herbeizuführen. Ich wage kaum zu sagen, wie viel Leid und Böses diese Schwiegermutter meiner Gattin zuzufügen versuchte, so unglaublich scheint es.

Bevor wir heirateten, hatten wir zusammen eine Goldschmiedeschule. Meine Schwiegermutter sagte ihrer Tochter, es werde in unserem Unternehme etwas sehr Ernstes passieren. Es war dies keine erfundene Geschichte. Ich stand auf einmal vor einer Reihe von unerklärlichen Schwierigkeiten und musste innerhalb weniger Monate meine Schule schließen. Ich stand auf einmal ohne Arbeit da. Wir versuchten uns durchzuschlagen, so gut wir konnten. Mit der Hilfe eines Onkels meiner Frau, dem Bruder ihrer Mutter heirateten wir.

Meine Schwiegermutter ließ nur einziges Mal von sich hören, um uns zu sagen, dass unsere Heirat nicht dauern werde, da ich nicht mehr fähig sei, etwas zustande zu bringen. Von da an hatte alles, was immer ich unternahm, keinen Erfolg und musste nach kurzer Zeit aufgegeben werden. Es ist unbegreiflich, dass meine Schwiegereltern, die ein gut gehendes Geschäft führen, dem Ex-Verlobten meiner Frau Arbeit verschaffen, dies aber ihrer Tochter verweigern!

Als wir einmal mit einem Priester über unsere Schwierigkeiten sprachen, riet uns dieser, uns an einen Exorzisten zu wenden. Und zu allererst sollten wir unser Haus segnen lasse; denn nachts wurde unser Bett wie von unsichtbarer Hand hin- und hergeschoben. Der Priester, der für die Segnung unseres Hauses vorbeikam, wollte das Haus nicht betreten, blieb auf der Türschwelle stehen und sprach zu uns über Jesus Christus, wobei mich ein Duft von Weihrauch umhüllte. Schließlich entschloss er sich immerhin zu einer hastig vollzogenen Segnung und lief dann davon.

Was nachher alles geschah, kann ich in einem Brief nicht schildern, er würde viel zu lang. Und würde ich es mündlich sagen, würde man mich für verrückt halten. Meine Schwiegermutter wartet nur auf eines, nämlich dass wir uns trennen. Wir beide sind müde, sowohl körperlich wie psychisch. Der Gedanke an eine Scheidung kommt leider in uns hoch und quält uns, denn das Leben, das wir führen, ist kein Leben mehr, sondern nur noch ein Überleben.»

Wir haben diesen Fall ausgewählt, weil er eine nicht seltene Situation darstellt. Heute, nach einem Jahr exorzistischer Behandlung, können wir noch kein positives Ergebnis feststellen. Doch wir fahren fort in der Gewissheit, dass Gott seine Kinder, die ihn um Hilfe anrufen, nicht im Stich lässt.

# Der schwierigste Fall

### *Welches war der schwierigste Fall, den sie behandeln mussten?*

Ich habe mich momentan mit drei schrecklichen Fällen zu befassen. Drei schreckliche Fälle. Ich habe letzten Freitag den Fehler gemacht, alle drei Personen am gleichen Tag vorzuladen, wo ich doch am Vormittag bereits fünf Patienten behandelt hatte. Eine tüchtige Gruppe von kräftigen Leuten stand mir an jenem Tag zur Seite. Unter ihnen befand sich auch ein Priester, der, obwohl er nicht Exorzist ist, über besondere Kräfte verfügt: Wenn er segnet, vertreibt er sogar Dämonen. Er gehört dem Orden der Passionisten an und hilft mir wirkungsvoll. Zudem ist er ein stämmiger Kerl, der mir hilft, diese Leute zu bändigen ...

Der schwierigste Fall ist der einer Frau, der es jetzt nach vielen Exorzismen besser geht. Sie ist Krankenpflegerin, ein Beruf, den sie sehr gut ausübt. Nach vielen Jahren exorzistischer Behandlung ist es ihr gelungen, das Diplom als Krankenschwester zu erwerben. Sie arbeitet in einem Spital und macht ihre Arbeit sehr gut. Von ihren Beschwerden hat dort niemand je etwas bemerkt. Zuhause jedoch ist sie eine wahre Katastrophe! Sie schreit, sie zerschlägt Teller und Bilder. Sie ist ein ernster Fall von Besessenheit als Folge einer Verwünschung. Wenn sie zu mir kommt, um sich exorzieren zu lassen, ist es katastrophal.

Alle drei Fälle sind typische Beispiele von schwerer Besessenheit. Wenn ich diese Patienten exorziere, müssen sie festgehalten und angebunden werden. Unter ihnen ist eine ungefähr dreißig Jahre alte Frau, die keine berufliche Tätigkeit ausübt. Sie ist Opfer einer furchtbaren Besessenheit. Bei ihr zu Hause ist es schier zum Verzweifeln, denn sie ist riesenstark wie Herkules. Sie ist groß und fest, sie flucht und schreit unaufhörlich. Hier ist die Präsenz des Teufels eindeutig. Wir kennen sogar die Namen der Dämonen, die in ihr hausen. Ihr Chef ist Satan. Wenn eine Besessenheit vorliegt, ist Satan immer mit im Spiel ... vielleicht benutzt er die anderen Dämonen.

Einmal war ein Mann, der besessen war, bei mir in Behandlung. Während ich ihn exorzierte, fragte ich den Dämon: «Warum gehst du nicht weg?» Und dieser gab zur Antwort: «Weil Satan mich strafen würde!» Im Reich der Dämonen herrscht nämlich eine Rangordnung, ähnlich wie es auch in der Welt der Engel eine hierarchische Ordnung gibt. Der Erzengel Michael ist der Führer der himmlischen Heerscharen, Satan der Anführer der Teufel. Es ist eine auf Hass basierende Rangordnung. Die Dämonen hassen sich gegenseitig; sie terrorisieren sich gegenseitig. Der Stärkere kann den Schwächeren Böses zufügen.

Nun zum dritten Fall. Es ist der schwierigste und betrifft eine Frau, deren Besessenheit evident ist. Sehr oft sind solche besessenen Personen, schon wenn sie bei mir eintreffen, voll rasender Wut. Sie geraten in Zorn und helle Wut, wenn sie über die Türschwelle treten oder auf das Untersuchungsbett gelegt werden; während man sie anbindet, wollen sie sich gewaltsam losreißen.

Gegen den Willen des Patienten darf man keinen Exorzismus vornehmen. Doch es genügt, dass der Patient seinen Willen tags zuvor bekundet hat, auch dann, wenn die Verwandten ihn trotz seines momentanen wütenden Widerstandes gewaltsam hierher bringen. Sogar auf den Armen werden wütende Patienten zu mir getragen. Es ist auch schon vorgekommen, dass man sie kaum aus dem Auto herauszuholen vermochte; in solchen Fällen steige ich dann selber in den

Wagen und vollziehe drinnen einen ersten Exorzismus. Obwohl der Patient sich dessen Wohltat nicht bewusst ist, beruhigt es ihn wenigstens. Denn der Exorzismus wirkt solange, bis die Person wieder zum vollen Selbstbewusstsein gelangt ist.

Der schrecklichste und schwierigste Fall war jene Frau, die ich eine halbe Stunde lang exorzierte und die man dann in ein anderes Zimmer trug, wo sich ein Sofa befand. Als man sie dort hinlegte, war sie immer noch in Trance und dieser Zustand dauerte fast die ganze Nacht. Mit Gebeten, Segnungen, Weihwasser, exorziertem Öl fuhren wir fort bis zum Augenblick, da sie aus dem Trancezustand heraustrat. Es waren fürchterliche Stunden: ein ständiges Schreien und Fluchen! Sie drohte mir alles Mögliche an: «Du wirst sehen, ich werde es dir doppelt heimzahlen ... du wirst sehen, was dir zustoßen wird!» Und so ging es weiter in diesem Stil.

## Die jungen Priester würden es gerne tun, aber die Bischöfe

***Auf das Thema der «Nachfolge» zurückkommend, möchte ich Sie fragen: Gibt es denn nicht junge Priester, die für dieses Amt Interesse haben?***

Es gibt viele junge Priester, die dieses Problem wahrnehmen. Sie möchten sich dafür einsetzen, doch der Bischof verwehrt es ihnen. Es gibt auch negative Beispiele … Ich meine damit: Es kommt vor, dass ein Bischof praktizierenden erfahrenen Exorzisten, die in seiner Diözese arbeiteten, die Erlaubnis zum Exorzismus entzieht, und dann die Erlaubnis vier blutigen Anfängern erteilt! Dies ist absurd! Und das geschieht, obwohl das Neue Rituale daran erinnert, dass zu den für die Ernennung zum Exorzistenamt erforderlichen Voraussetzungen die Eigenschaft gehört, dass der betreffende Priester im Exorzieren bereits erfahren sein muss. Dieser Bischof hätte also den vier jungen Priestern sagen sollen: «Lasst euch zuerst einmal bei sehr erfahrenen Kollegen ausbilden» …

Was mich betrifft – und ich sage es nie genug –, hatte ich eine große Gnade des Himmels erhalten! Kardinal Poletti hatte mich zum Assistenten von Pater Candido ernannt. So hatte ich das Glück, zu lernen und Erfahrungen zu sammeln, indem ich in die Fußstapfen eines großen Meisters trat. Er war ein heiligmäßiger Mann. Er war auch mit ganz besonderen Charismen ausgestattet. Sogar aufgrund einer bloßen Fotografie konnte er eine Diagnose stellen, vorausgesetzt, dass die Augen der Person deutlich sichtbar waren.

Viele Priester kommen zu mir, darunter einige sehr begabte. Einer von ihnen ist besonders tüchtig und aktiv, aber man hat ihm die Erlaubnis zum Exorzieren nicht gegeben. Um diese zu gewähren, müssen nämlich alle Bischöfe einer Diözese zusammenkommen, um jeden einzelnen Kandidaten zu prüfen Da dieser Priester mit einem der Weihbischöfe in Konflikt geraten war, widersetzte sich der Bischof dessen Ernennung. Leider genügt es, dass einer der Weihbischöfe nein sagt, um das Verfahren zum Amtsauftrag einzustellen. Dabei würde aus diesem Priester ein großer Exorzist werden. Er ist wirklich sehr begabt. Er hilft mir dennoch weiterhin. Zweimal wöchentlich assistiert er mir bei meiner exorzistischen Tätigkeit.

Hier in diesem Gebäude erlaubt man mir nicht, weitere schwere Fälle zu behandeln. Solche behandle ich zwar hier immer noch, jedoch nicht solche mit «Schreihälsen». So gehe ich eben zweimal wöchentlich, am Mittwoch und Freitag, in die Kirche der Unbefleckten Empfängnis. Dort finden sich jedes Mal acht bis zehn Personen ein, die mir sowohl durch ihr Gebet wie mit der Kraft ihrer Arme helfen, indem sie den Patienten auf der Liege festhalten. Stets zugegen ist der eben erwähnte junge Priester. In diesen Tagen behandeln wir den schwierigsten Fall, mit dem wir uns schon seit einiger Zeit beschäftigen:

Es geht um eine tobende Frau. Der junge Priester bat den Bischof der Diözese, zu welcher diese Frau gehört, um die Erlaubnis, an ihr Exorzismen vorzunehmen, was der Bischof dann auch gewährte. Die Bischöfe erteilen oft die Erlaubnis, an einer bestimmten Person Exorzismen vorzunehmen. Die betreffende Frau nun führt sich in erschreckender Weise auf; man muss sie festhalten und anschnallen. Man muss sie schreien gehört und gesehen habe, mit welcher unglaublichen Kraft sie sich tobend gebärdet! In ihr stecken mehrere Dämonen. In der Regel sind zwar immer mehr als ein Teufel in einer besessenen Person anwesend. Ist die Person korpulent, sind die Teufel noch zahlreicher ... Einige sind fast immer da: Satan, Luzifer, Aşmodi – dieser ist fürchterlich! – Lilith, Beelzebub ...

# Teuflische Quälereien und Besessenheit

*Ihre Wirkungskraft*

### *Haben all diese Teufel das gleiche Ziel? Gehen sie alle in der gleichen Weise vor?*

Sagen wir es so: Jeder Dämon hat zwar seine eigene diabolische Aufgabe, doch alle sind bestrebt, der Seele der Person, auf die sie es abgesehen haben, möglichst viel Leid zuzufügen. In diesem Zusammenhang ist es angebracht, an den Unterschied zu erinnern, der zwischen den beiden hauptsächlichsten Aktionen Satans besteht; diese führen entweder zur Besessenheit oder zu böswilligen Belästigungen, Quälereien und Schikanen. Man spricht von Besessenheit, wenn der Teufel die Seele eines Menschen ganz in Besitz genommen hat, im Innern des Menschen präsent ist.

Man spricht von böswilligen Belästigungen und Quälerei, wenn vom Teufel verursachte körperliche und/oder psychische Krankheiten und Beschwerden vorliegen. Ich würde sagen, dass die Zahl der Fälle von Besessenheit relativ klein ist, während die der böswilligen Quälereien Legion ist. Letztere werden in neunzig Prozent der Fälle durch Behexung und Verwünschungen hervorgerufen.

Häufig wiederholt sich zum Beispiel der Fall eines jungen Mannes, der seit sieben oder acht Jahren verlobt ist und dann auf einmal seine Verlobte sitzen lässt unter dem Vorwand, sie sei nicht sein Typ.

Die Mutter der jungen Frau begibt sich zu einem Magier oder zu einem Hexenmeister und lässt den jungen Mann behexen, damit er nicht heiraten kann und keine Arbeit findet. Und die Verwünschung greift! Während vieler, vieler

Jahre misslingt dem jungen Mann jeder Versuch zu heiraten und eine Arbeit zu finden.

Um die Wirksamkeit der teuflischen Aktion zu veranschaulichen, erwähne ich einen zweiten Fall. Es handelt sich um eine junge, ungefähr fünfunddreißig Jahre alte Frau. Sie hat eine gute Stelle; bei der Arbeit geht alles gut und sie ist gewissenhaft und genau und auch fröhlich. Wenn sie zu mir kommt, gelingt es mir nie, ihr in die Augen zu schauen, sie weicht mir aus, sie entzieht sich meinem Blick. Auch hier ist eine Verwünschung am Werk, eine Verwünschung von sehr böser und stark wirkender Art. Nicht selten führen die Verwünschungen zur teuflischen Umsessenheit[7], ja sogar zur Besessenheit. Wegen der heftigen Gewalttätigkeit, mit der die Frau auf meine exorzistischen Gebete reagiert, exorzierte ich sie in der Kirche der Unbefleckten Empfängnis – leider nicht mehr als einmal monatlich.

Fortan habe ich zu viele Patienten, ich nehme niemanden mehr auf. Sie alle sollten mindestens einmal wöchentlich exorziert werden, jetzt aber bin ich gezwungen, sie monatlich einmal zu exorzieren ... *(Don Gabriele zeigt seinen Terminkalender, vollgestopft mit Terminen und Namen von «Patienten», die auf eine Behandlung warten.)*

---

7 Die Umsessenheit ist eine Vorstufe der Besessenheit. Während bei der Besessenheit die Seele des Menschen ganz vom Teufel in Besitz genommen wird, ist bei der Umsessenheit die Seele vom Dämon gleichsam umlagert und heftig bedrängt. (Anm. d. Ü.)

# Die Dämonen können auch Katastrophen auslösen

### *Können die Dämonen mittels Verwünschungen auch Katastrophen auslösen?*

Natürlich können sie Katastrophen auslösen. Es kommt vor, dass Häuser, Läden oder Wohnungen leichteren dämonischen Einflüssen unterworfen sind. Mit Exorzismen gelingt es, diese davon zu befreien. Seltsame Geräusche, Türen, die sich von selbst öffnen und schließen, Lampen und Fernsehgeräte, die von selbst einschalten und abschalten. Elektrische Haushaltsgeräte, die ausfallen. Man lässt einen Fachmann kommen und dieser stellt fest, dass die Geräte bestens funktionieren. Kaum ist dieser aus dem Haus, streikt das Gerät von neuem. Hinter solchen Phänomen steckt viel Bosheit und Feindseligkeit. Doch man schafft es, die betreffenden Personen von diesen ärgerlichen Belästigungen zu befreien.

Bei schlimmeren Fällen hingegen kann es dazu kommen, dass man den betreffenden Hausbewohnern mitteilen muss: «Meine Lieben, ihr müsst in ein anderes Haus umziehen!» Denn es gibt dämonisch verseuchte Häuser, die man unmöglich durch Exorzismus «reinigen», von der dämonischen «Verseuchung» befreien kann. Ich denke an Häuser, in denen spiritistische Sitzungen, satanische Zeremonien oder schwarze Messen stattgefunden haben. Oder an ein Haus, in welchem ein Magierin oder ein Hexenmeister wohnte. Ich spreche hier von echten Magiern, denn in 98 Prozent der Fälle sind es nur Scharlatane und Schwindler. Jene hingegen, die sich dem Satan ergeben haben, mit ihm eine enge Verbindung eingegangen sind, verfügen über furchtbare Kräfte. Ein von echten Magiern bewohntes Haus ist nur schwer mit Exorzismen vom Dämonischen zu befreien.

Ich begegnete vielen Personen, die als Opfer von Verwünschungen in Konkurs und in große Not geraten sind. Die Verwünschung hatte ihren Tätigkeitsdrang völlig lahmgelegt. Ein Kaufmann besitzt ein bekanntes, sehr gut besuchtes Geschäft mit einer festen Kundschaft ... Plötzlich kommt niemand mehr in seinen Laden. Man lässt das Haus segnen und exorzieren. Doch ohne Erfolg. Niemand besucht mehr den Laden.

Wie kann man sich dagegen schützen? Nun, wie ich bereits gesagt habe, ist es eher schwierig, einen Menschen, der in der Gnade Gottes lebt, zu behexen oder ihm sonst wie dämonisch Böses anzutun. Andererseits ist es wahr, dass auch sehr gute, vorbildliche Menschen sogar im Schoß der Kirche, angegriffen werden können. Das ist möglich. Viele Heilige sind vom Teufel gequält worden. Sie können sich wohl denken, wie wir Exorzisten aufs Korn genommen werden. Wir gehen dahin und dorthin, wir predigen, wir schreiben. Seit achtzehn Jahren spreche ich jeden Monat einmal für Radio Maria anderthalb Stunden lang. Sie glauben doch nicht, dass die Teufel nicht schon versucht haben, mich zu behexen! Aber der Mantel der Gottesmutter beschützt mich.

# Reliquien, Heilige, Päpste

***Sie sagen, dass bei den Exorzismen der Glaube das Wichtigste ist. Doch gibt es nicht auch Symbole oder Gegenstände, die mit besonderen Situationen in Zusammenhang stehen und eine besondere Wirkungskraft haben?***

Ja, manchmal. So gibt es zum Beispiel Reliquien, die wirksam sein können. Berühmt geworden ist die Halskette[8] des heiligen Vicinius in Sarsina. Doch muss man zugeben, dass sie nicht immer wirken. Hingegen kann ich z.B. Pater Cipriano De Mea erwähnen. Er ist unser ältester Exorzist. Ich glaube, er exorziert seit siebenundfünfzig Jahren. Er lebt in San Severo di Foggia in der Nähe von San Giovanni Rotondo. Er ist auch Postulator in der Causa der Seligsprechung eines gewissen Pater Matteo, der im 17. Jahrhundert gelebt hat. Während der Exorzismen ruft Pater Cypriano auch Pater Matteo an: «Pater Matteo, komm!» Und es ist fast unglaublich, wie dann der Einfluss von Pater Matteo sich bemerkbar macht!

Auch ich habe mehrmals versucht, Pater Matteo anzurufen. Doch es war vergeblich. Die persönliche Beziehung spielt hier natürlich eine große Rolle; sie muss stark und tief sein.

Ich rufe immer Pater Pio und Pater Candido an, sowie auch Johannes Paul II.; auch er ist sehr stark. Diesbezüglich

8 Pater Amorth spielt auf die eiserne Halskette an, die der hl. Vicinius, Bischof im 4. Jahrhundert, während seiner Gebete trug und die noch heute von den Gläubigen verehrt wird wegen ihrer Kraft, Kranke und Besessene zu heilen.

hat mir der Teufel Auskunft gegeben. Ich erinnere mich an zwei Antworten, die er auf meine Fragen gegeben hat. Ich fragte ihn: «Warum bist du so böse auf Johannes Paul II.?» Er antwortete: «Weil er meine Pläne vereitelt hat.» Ich vermute, dass er sich auf den Zusammenbruch des Kommunismus bezog. Die zweite Antwort, an die ich mich erinnere und die der Teufel mehrmals wiederholte, lautete: «Weil er mir viele Jugendliche entrissen hat.»

All das bringt mich auf den Gedanken, dass der Teufel die verstorbenen heiligen Priester hasst, doch ebenso sehr einen tief sitzenden Hass hegt gegen die lebendige Kirche von heute: gegen die Priester, die Bischöfe, den Papst. In der Tat werden diese Geweihten sehr angegriffen. Leider haben wir angesichts der Angriffe von solcher Tragweite einen Klerus und einen Episkopat, die gänzlich unfähig sind, nicht nur auf die Hilferufe zu reagieren, sondern ganz einfach zuzuhören. Sobald von diesen Problemen die Rede ist, sagen sie: «Das sind doch Märchen!»

Gewisse Exorzisten beschränken sich darauf, die Patienten zu einem Psychiater zu schicken! Und wenn dann einer dieser bedauernswerten Geschöpfe sagt: «Ich bin ja schon beim Psychiater gewesen», wird ihnen lakonisch geantwortet: «Dann gehen Sie eben nochmals zu ihm!» Es gibt Exorzisten, die noch nie exorziert haben. Darüber habe ich In meinem Buch *Exorzisten und Psychiater (Christiana-Verlag, D-88353 Kisslegg-Immenried)* geschrieben. Im zweiten Kapitel des Buches wende ich mich gegen die französischen Exorzisten, insbesondere gegen Isidore Froc, der ihr Sekretär war und sich rühmte, auch ihm Fernsehen, dass er noch nie Exorzismen vorgenommen habe und es auch nie tun werde. Und das, obwohl er vor Jahren ein Buch über die Exorzisten geschrieben hat ... Was soll denn das?

# Macht und Vollmachten

### *Haben die Dämonen verschiedene Charaktere und zeigt sich das, wenn Sie sie exorzieren?*

Ja, sie sind verschieden. Und es gibt auch verschiedene Grade, was ihre Macht und auch ihr Leiden betrifft. Zweifellos ist Satan der Mächtigste. Er ist der Chef, der Anführer; er ist aber auch derjenige, der mehr leidet als alle anderen. Er ist der am härtesten Bestrafte. Die Teufel sind nicht alle gleich. Es gibt auch solche, die wenig gelten. Doch alle sind starrsinnig, hartnäckig und unnachgiebig. In meinen Predigten sage ich oft: «Viele Leute erklären, dass sie an Gott glauben, aber nicht praktizierende Gläubige seien.» Als Antwort sage ich ihnen, dass sie töricht sind. Denn im Evangelium heißt es: «Nicht jeder, der zu mir sagt ‹Herr! Herr!›, wird in das Himmelreich eingehen, sondern wer den Willen meines Vaters tut» und seinen Glauben bezeugt.

Seit vielen Jahren exorziere ich nun und ich kann Ihnen versichern, dass ich nie einem atheistischen Teufel begegnet bin. Alle Teufel glauben an Gott, jedoch keiner von ihnen ist jemals ein praktizierender Gläubiger gewesen. Sie haben sich gegen Gott aufgelehnt in einer Weise, dass sie mit der Ewigkeit der Hölle konfrontiert wurden. Ein Beispiel. Ich fragte einen Dämon: «Wenn du zurückkehren könntest, was würdest du tun?» Ich habe diese Frage mehrmals an verschiedene Dämonen gerichtet und alle haben geantwortet: «Ich würde genau das tun, was ich jetzt tue!», und sie fügen noch hinzu: «Verstehst du denn nicht, dass ich den Mut gehabt habe, mich Gott zu widersetzen? Verstehst du denn nicht, dass ich stärker bin als er?» Diese Rebellion gegen Gott erleben sie wie ein Überlegenheitsgefühl, ja wie einen

Beweis dafür, dass sie Gott, der sie erschaffen hat, überlegen seien.

Doch die Dämonen leiden, mögen sie noch so fest mit ihrem Willen, Böses zu tun, verwachsen sein. Sie leiden sehr! Sie geben es auch offen zu. Wenn ich ihnen sage: «Fahr zur Hölle!», antworten sie: «Nein, ich fühle mich hier besser.»

Doch ist es Pater Candido mehrmals passiert, dass er mit Dämonen zu tun hatte, die ihm sagten: «Während deiner Exorzismen leide ich mehr als in der Hölle!» Sie haben eine fürchterliche Angst vor den Exorzismen. Die Gegenwart des Sakralen, des Heiligen bereitet ihnen unerträgliches Leiden, so die Macht der vom Exorzisten gesprochenen Worte: «Im Namen Christi, zieh aus! ... Auf die Fürbitte der Unbefleckten Jungfrau Maria, verschwinde!» Und dennoch verschwinden sie nicht. Muss man sich da nicht wundern, warum sie nicht verschwinden? Ich sage zu den Dämonen: «Verschwinde sofort, ich befehle es dir, im Namen der Vollmacht, die mir die Kirche gegeben hat ... Verschwinde!» Doch sie verschwinden nicht. Sie bleiben.

Hier stehen wir vor einem Geheimnis. Die Dämonen wissen, dass sie die Schlacht gegen Christus verloren haben. Zudem fühlen sie sich nicht wohl und leiden unter den Exorzismen ... Und doch bleiben sie in der Seele, die sie in Besitz genommen haben, und sie quälen diese.

Ich weiß nicht, warum es manchmal so viele Jahre braucht, bis es zur Befreiung kommt. Doch besteht kein Zweifel, dass es auch auf die Heiligkeit des Exorzisten ankommt. Es gibt viele Heilige, die ohne Exorzisten zu sein, Menschen von Dämonen befreit haben ... *(Don Gabriele zeigt auf ein kleines Foto auf dem Tischchen zu Füßen der Statue der Muttergottes von Fatima)* ... Schwester Erminia zum Beispiel. Der Bischof von Rimini schickte Personen, die sich wegen unerklärlicher Leiden an ihn wandten, zu Schwester Erminia. Obwohl sie als Frau nicht Exorzist sein konnte, befreite sie viele von deren Leiden. Oder denken Sie an die heilige Katharina von Siena. Wenn es einem Exorzisten nicht gelang, eine Person zu befreien, schickte er diese zu Katharina von Siena, die natürlich kein Exorzist war. Vergessen wir auch nicht den heiligen Benedikt, der als Patron der Exorzisten angesehen wird. Er war zwar offiziell nie Exorzist gewesen, doch exorzierte er. Es gibt eine berühmte Münze, auf welcher der Heilige dargestellt ist; sie stammt zwar aus einer späteren Epoche. Bei meinen Exorzismen brauche ich immer das Kruzifix, in das ich diese Münze eingesteckt habe. Benedikt war weder Priester noch Exorzist und doch vertrieb er Dämonen. Diesen Heiligen gelang es, die Dämonen im Nu zu vertreiben, ein einziges Gebet genügte. Man nennt das Exorzismus, doch war es keinesfalls das Gebet des Rituale. Man muss auch sagen, dass der Text des Rituale im Grunde wenig nützt. Was zählt, ist der Glaube.

***Wenn der Glaube die unerlässliche Voraussetzung ist, muss man dann Schritt für Schritt dem Rituale folgen? In welchem Maße ist es erlaubt, den Befreiungsritus abzuändern?***

Der bekannteste Exorzist Siziliens ist Matteo La Grua. Ich zähle ihn zu meinen Freunden. Er ist auch die Bezugsperson der katholischen Charismatischen Erneuerungsbewegung in Sizilien. Da er schon sehr alt ist, führt er keine Exorzismen mehr aus, sondern segnet nur noch. Als er noch exorzierte, hielt er sich nicht streng an das Rituale. Einmal wohnte ich einem seiner Exorzismen bei und bemerkte, dass er nicht die üblichen Gebete des Rituale sprach, sondern «in Zungen» betete. Sogar der heilige Augustinus erwähnt diese Gebetsform, die er «Gebete im Jubel» nennt. Man spricht von «Zungenbeten», wenn man an den Punkt gelangt, wo man Worte oder Laute ohne gedanklichen Gehalt ausspricht; im Grunde handelt es sich um Gebete der Anbetung Gottes, um Worte ohne festen, abgeschlossen Sinn. Als ich das erste Mal solche Gebete hörte, sagte ich zu mir: «Bin ich denn in ein Irrenhaus geraten!» Später gewann ich doch noch Geschmack an dieser Art von Gebeten ... Persönlich besitze ich nicht die Gabe des «Zungenbetens», doch höre ich ihm gerne zu. Und schließlich sind sie auch wirksam!

Doch kommen wir zurück zu den Heiligen, die ohne selber Exorzisten zu sein, Menschen von dämonischen Einflüssen befreiten. Solche hat es mehrere gegeben. Zum Beispiel Vinzenz Pallotti. Er hat viele vom Teufel Besessene befreit. Auch hat er mich auf einen Text hingewiesen, den ich in einem Buch veröffentlichte. «Seht, alles was mein Sohn getan hat, müsst ihr hochschätzen und immer wieder bedenken! Er vollzog Exorzismen und daher müsst ihr dem Amt des Exorzisten große Achtung entgegenbringen.» So die Muttergottes.

Leider sind die Exorzisten bei einem guten Teil des Klerus unbeliebt und werden manchmal als Spinner und Halbverrückte angesehen. Man sollte sie doch als eine der schönsten Blüten der Kirche betrachten. Bei der Wahl eines Exorzisten sollte man daher stets einen Priester aussuchen, der ein Mann des Gebetes, ein Mensch von umfassender Bildung ist und ein untadeliges Leben führt ...

# Sie sehen den Teufel nicht, aber sie leiden …

***Sagen Ihnen Ihre Patienten, wie sie den Teufel sehen?***

Sie sehen ihn nicht. Sie werden nur von großen Schmerzen geplagt. Im Allgemeinen verläuft der Leidensweg des Patienten folgendermaßen: Am Anfang wird er von Schmerzen gepeinigt, vor allem Schmerzen im Kopf und im Bauch. Fürs Erste geht er zum Arzt, der ihm Medikamente verschreibt, die aber das Problem nicht lösen. Die Ärzte legen ihm schließlich nahe, einen Psychiater zu konsultieren. Aber falls sich hinter den Symptomen etwas dämonisch Bösartiges verbirgt, dann findet auch der Psychiater keine Lösung, um diese Schmerzen zu stillen.

Bald nimmt der Patient bei sich eine starke Abneigung gegen Religion und Kirche wahr, auch wenn er früher religiös war. Er sträubt sich, in eine Kirche zu gehen, einer Messe beizuwohnen und zur Kommunion zu gehen. Wenn jemand für ihn betet oder ein Priester Gebete über ihn spricht, dann löst das bei ihm Schmerzen aus. Das trifft oft zu bei Personen, die Schmerzen haben. Sie lassen sich ärztlich behandeln, ohne sich im Geringsten zu fragen, ob da nicht der Teufel mit im Spiel ist.

Es kann dann vorkommen, dass eine solche Person einer Messe beiwohnt z.B. einer Messe der Heilung oder der Befreiung. Während der Gebete der Heilung und Befreiung fällt sie plötzlich auf den Boden, schreit und wälzt sich hin und her ... Jetzt wird alles klar: Eine dämonische Präsenz hat sich bemerkbar gemacht und dass diese die Ursache ihrer Übel ist. Dieses Phänomen kommt häufig vor. Hier ist natürlich viel Unterscheidungsvermögen angezeigt, denn bei diesen große Befreiungs- und Heilungsmessen – auch ich zelebriere solche Messen oder nehme daran teil – gibt es immer wieder Menschen, die schreien, die unruhig und erregt sind. Es könnte sich daher um Hysterie handeln oder um etwas eigenartige Personen. Es kann sich aber auch um etwas sehr Ernstes handeln.

Es gibt auch Fälle, wo jemand, der nie auf den Gedanken gekommen wäre, dass seine Beschwerden eine andere als eine physische oder pathologische Ursache haben könnten, sich während einer solchen Messe auf einmal bewusst wird, dass diese Beschwerden eine ganz andere Ursache haben. Er lässt sich von da an von Priestern segnen und später auch exorzieren.

Auch das Segenspenden ist sehr wirksam. Ich wünschte sehr, dass die Priester Segnungen vornähmen. Wäre ich Papst, würde ich allen Priestern die Befugnis zu exorzieren gewähren. Ich finde es einschränkend, dass der Priester, der das Recht zu konsekrieren, zu predigen und von Sünden loszusprechen hat, nicht auch das Recht hat, Dämonen auszutreiben. Ist dies doch ein Auftrag, der zur Sendung Christi gehört.

# Die Kraft geweihter Gegenstände

***Haben geweihte Gegenstände eine exorzistische Kraft? Das Wasser, die Stola ...?***

Gewisse Gegenstände haben diese Kraft. Auch wenn es schwierig ist zu sagen, welche genau ... Es gibt Patienten, die ich dort Platz nehmen lasse ... (*er zeigt auf einen Sessel aus schwarzem Kunstleder in der Art von Bürostuhl oder Wartezimmer aus den sechziger Jahren und der von einer Art Matte überzogen ist*). Es sind nicht die lautesten, auch wenn sie sehr besessen sein können. Es sind keine Schreihälse, obwohl ich manchmal auch solche hier empfange. Gewisse Patienten befinden sich in einem erbärmlichen Zustand. Wie könnte ich sie zurückweisen? Ich denke an jenen verheirateten jungen Mann. Er ist Tüncher, er bezeichnet sich selbst als «Wandmaler». Da er bei einer Baufirma angestellt ist, wo er auch am Samstag arbeiten muss, kann er nur sonntags kommen. Er schreit. Ich kann ihn doch nicht abweisen! Mittwoch und Freitag arbeitet er ... Ich kann niemanden mehr nehmen, ich bin dermaßen überbelastet ... Jene, die wöchentlich einen Exorzismus bräuchten, kann ich nur einmal monatlich behandeln!

Doch kommen wir zurück auf die Gegenstände! Einer der wichtigsten ist die Stola. Unter meinen Patienten gibt es Personen, die mir die Stola entreißen, wenn ich sie ihnen auf die Schultern lege. Und das Wasser! Einige reagieren sehr stark auf das Weihwasser, andere weniger. Der eben erwähnte junge Mann, der «Wandmaler» ist, spuckt, schäumt und geifert unglaublich. Sehr oft stößt er laute Schreie aus, Schreie ganz eigentümlicher Art, die eher einem dumpfen Heulen gleichen ... Ich weiß nicht warum. Gelegentlich frage ich ihn zum Scherz: «Spürst du Schmerzen?» Er antwortet, indem er die Sache herunterzuspielen versucht … Aber er tut das auch zu Hause, wie mir seine Frau sagte. Bei der Arbeit jedoch tut er es nie.

Es ist hier ein Dämon im Spiel, der verborgen bleiben will. Dieser sucht ihm Leid zuzufügen, jedoch ohne ihn bei der beruflichen Arbeit zu behindern. Genau wie im Fall jener Krankenschwester, die von meinem jungen Amtsbruder, dem der Bischof die Erlaubnis zum Exorzieren verweigerte, behandelt wurde. Auch sie blieb während der Arbeit unbehindert und galt als tüchtige Krankenschwester

## *Wie kam es zur Besessenheit bei diesem jungen Mann?*

Der Ausgangspunkt ist – wie so oft – in der Verwandtschaft zu suchen. Die Verwünschungen und Verfluchungen kommen oft von Verwandten, von nahen Verwandten. Und in vielen Fällen ergeben sie sich aus einem Interessenkonflikt. Ich selber bin in einem Advokatenmilieu aufgewachsen und habe mehrere Familien kennen gelernt, in denen alle einander gern hatten bis zum Moment, da es zur Teilung der Erbschaft kam. Auf einmal verwandelten sie sich in wilde Tiere. Auf der einen Seite ist da ein unverheirateter Sohn, auf der anderen ein verheirateter Sohn; auf der einen Seite eine heiratsfähige Tochter, auf der anderen eine verheiratete Tochter. Alle haben nur eine einzige Idee im Kopf: ihre neue Familie. Sie pfeifen sogar auf ihre Eltern; diese leben vielleicht in Armut oder sind allein und verlassen, das kümmert sie keinen Deut.

### *Und das Kreuz, was bewirkt es?*

Auch das Kreuz hat auf Einige eine Wirkung. Wie das Allerheiligste, das ich immer bei mir trage. Ich lege es auf den Kopf der Exorzierten und frage: «Was ist das hier?» – Sie antworten: «Du bist es, Herr ...» Sie nehmen es also vollkommen wahr ... Der Sinn der Eucharistie besteht jedoch nicht darin, die Dämonen auszutreiben. Und doch leiden sie darunter; denn auch wenn sie Gott nicht sehen, wissen die Teufel sehr gut, dass er existiert. Und wie sie es wissen! Und sie hassen ihn. Gott ist der Gegenstand ihres größten Hasses, eines irreversiblen Hasses. Daher auch die Ewigkeit der Hölle.

Ich bin mehrmals nach Medjugorje gegangen, dem ich sehr verbunden bin ... Die ersten Erscheinungen haben am 24. Juni 1981 stattgefunden. Mein erster Artikel über Medjugorje datiert vom Oktober 1981. Ich bin sogleich dorthin verreist. Dort herrschte das absolute Elend. Wir haben Kleider und Nahrung dorthin gebracht. Es gab natürlich auch Sprachschwierigkeiten ... Aber die Leute dort waren überaus gastfreundlich. Die Seherin Mirjana fragte einmal die Muttergottes: «Liebe Mutter, wäre es nicht möglich, dass ein Verdammter Reue zeigt? Und könnte er nicht um Verzeihung bitten? Und könnte Gott ihn nicht aus der Hölle ziehen und ihn ins Paradies versetzen?» Die Madonna antwortete mit einem Lächeln: «Gewiss könnte es Gott! Aber *sie* wollen es nicht.» Darum die Ewigkeit der Hölle, das Verwachsensein mit der Sünde, das Verharren in der Sünde. Wer nicht an die Ewigkeit der Hölle glaubt, glaubt nicht an das Evangelium.

## Ich werde deinen Tod herbeiführen

***Bald spricht man von Satan, bald spricht man von Luzifer ... Gibt es also eine Zweiheit an der Spitze der teuflischen Rangordnung?***

Nun, Satan ist die Nummer eins. Luzifer ist die Nummer zwei. Sie unterscheiden sich durch die Macht, die sie haben. In vielen Fällen erscheinen sie nicht sofort, doch Satan ist immer da. Die Dämonen antworten, wenn man sie nach ihrem Namen fragt ... Asmodi ist oft präsent. Es kann auch vorkommen, dass der Teufel sich unter seltsamen Namen vorstellt.

Ich erinnere mich an einen berühmt gewordenen Fall, den der Besessenen von Piacenza, der vor vielen Jahren, noch vor dem Krieg stattfand. Der Dämon behauptete, er heiße «Ismo». Diesem bin ich nie begegnet. Es ist das einzige Mal, dass er sich gezeigt hat. In den zwanziger Jahren gab es noch keine Tonbandgeräte. Doch man wusste sich damals anderswie zu helfen. An den Exorzismen nahm auch ein Ordensbruder teil, der stenographieren konnte. Er hat sich alles genau notiert, was während der exorzistischen Sitzungen damals geschah und gesprochen wurde. Dieses Protokoll ist hochinteressant. Wir haben es veröffentlicht, zuerst fortsetzungsweise in der Zeitschrift *Orizzonti* – die es heute nicht mehr gibt – und später in einem Buch mit dem Titel: «Interview mit Satan». Man hat es leider – ich weiß nicht warum – nicht nachgedruckt. Es wäre auch heute noch von großer Aktualität. Einem der Anwesenden, die dem Exorzisten beistanden, hatte der Teufel die Worte ins Gesicht geschleudert: «Noch dieses Jahr sollst du sterben!» Die Patientin ist von der Besessenheit befreit worden, aber der Assistent, dem der Dämon mit dem Tode drohte, starb tatsächlich noch im gleichen Jahr. Dem Bischof von Piacenza, der die Erlaubnis zu diesen Exorzismen gegeben hatte, hatte er ebenfalls mit dem Tode gedroht: «Ich werde seinen Tod noch innerhalb dieses Jahres herbeiführen.» ... Dieser Bischof starb tatsächlich noch im selben Jahr.

Wie daraus zu schließen ist, hat der Teufel auch das Vermögen zu töten, aber nur unter der Voraussetzung, dass Gott ihm dazu die Erlaubnis gibt. Vor allem dürfen wir nicht vergessen, dass Gott der Gott des Lebens ist, Satan hingegen der Herrscher des Todes ist. Deshalb versucht er jene Personen in den Selbstmord zu treiben, die wegen ihrer enormen Leiden und weil vielleicht sogar der Exorzist ihnen nicht helfen kann, in Verzweiflung geraten ... Doch ein Patient, der sich Exorzismen unterwirft, wird nie der bedrängenden Versuchung zum Selbstmord nachgeben. Im letzten Moment wird er immer gerettet.

### *Man sagte mir, es gebe «verschlossene» Dämonen und «offene» Dämonen, solche, die sich sofort melden, und solche, die nicht sprechen wollen ...*

Ja, es gibt Teufel, die warten ab, bis sie sich melden; doch der Teufel wird durch die Exorzismen immer gezwungen, sich zu offenbaren. Aber manchmal lässt er sich viel Zeit. Ich hatte einst als Patientin eine Dame, die heute ganz geheilt und ganz befreit ist. Es war Pater Candido, der sie schon vor mir behandelt hatte. Wir behandelten sie auch gemeinsam. Doch der Dämon zeigte sich nicht. Da sagte Pater Candido zu mir: «Don Amorth, exorzieren Sie sie weiter, denn nach meiner Meinung ist da etwas.» Ich fuhr fort, sie zu exorzieren, und eines Tages geschah es, dass der Dämon plötzlich zum Vorschein kam. Und von da an, sobald ich zu beten begann, brach der Dämon hervor. Er schrie und brüllte. Ich führte ein Gespräch mit ihm. Schließlich wurde die Dame vollständig befreit.

Während seiner Manifestationen sagte auch dieser Teufel das, was die Dämonen in einem solchen Fall immer wieder sagen: «Diese gehört mir! Man hat sie mir gegeben! Sie ist mein ...» Ich erwiderte: «Wann wirst du ausziehen?» Und er: «Wenn ich weggehe, werde ich sie mit mir in die Hölle mitnehmen! Sie gehört mir! Sie ist mein Besitz.»

# Vorgeburtliche Verwünschung

***Sie haben erklärt, dass es sehr wichtig sei, die Kinder bald nach der Geburt zu taufen, ja dass es sogar nützlich sei, dies schon vorher zu tun ... Warum?***

Weil gewisse Personen schon vor des Geburt des Kindes Verwünschungen ausstoßen. Als ich einmal einen Dämon fragte: «Seit wann bist du da drinnen?», gab er mir zur Antwort: «Ich war dort, schon bevor er geboren wurde.» Es kommt vor, dass schon der Fötus vom Teufel besessen ist.

Das ist möglich, wenn eine Verwünschung gegen eine schwangere Frau ausgestoßen wird mit dem Ziel, das Baby zu treffen, dass der Fluch die Leibesfrucht treffe. Allmählich zeigen sich dann die Folgen dieses Fluches ...

Ich habe eine junge Frau kennen gelernt, die heute vollständig geheilt und befreit ist. Sie ist verheiratet und führt ein normales Leben. Sie war in einer Klinik oder in einem Spital – ich erinnere mich nicht mehr genau – geboren worden, wo eine Krankenpflegerin arbeitete, die Satanistin, dem Satanskult ergeben war. Eine furchtbare Pflegerin: Sobald ein Kind zur Welt kam, vollzog sie dessen Weihe an Satan. Während des Exorzismus diskutierten ich und der Dämon hart auf hart miteinander. Ich sagte zu ihm: «Es ist nach dem Bilde Gottes geschaffen, es ist getauft worden.» Er erwiderte: «Ich war zuerst dort, ich bin zuerst angekommen!» Das Kind wurde nämlich nicht gleich nach der Geburt getauft ...

Die Taufe hätte dies verhindern können, denn sie enthält ein Exorzismus-Gebet. Leider – auch Papst Paul VI. hat sich darüber beklagt – hat man im neuen Ritus den exorzistischen Teil auf ein einziges Gebet reduziert. In den frühen Zeiten der Kirche hat man dem Exorzismus der Taufe eine große

Bedeutung beigemessen. Dasselbe geschieht bei der Erneuerung der Taufgelübde. Auch wenn der exorzistische Aspekt auf ein Minimum reduziert ist, so ist er doch noch vorhanden. Wie dem auch sei, der Exorzismus der Taufe hebt die Präsenz des Teufels, sofern eine solche vorliegt, nicht auf. Die Taufe nimmt sie nicht weg. Wenn eine Verwünschung vorliegt, hebt sie diese nicht auf. Die Wirkungen einer Verwünschung werden sich nach und nach zeigen. Das Kind, wenn es noch klein ist, macht seltsame Dinge und seine Umgebung reagiert darauf mit den Worten: «Ach was! Das wird mit der Zeit schon vorbeigehen.» Doch je älter es wird, desto stärker setzt sich die Präsenz der Dämonen in ihm fest. So kann es dann geschehen, dass ein fünfzigjähriger oder sechzigjähriger Mann, der unter einer dämonischen Besessenheit leidet, mich aufsucht. Im Verlauf der Behandlung wird immer deutlicher, dass der Mann diese Besessenheit infolge einer Verwünschung schon als ganz kleines Kind in sich trug. In solchen Fällen braucht es Zeit, sehr viel Zeit, weil sich der Dämon tief eingenistet hat und gut verwurzelt ist. Ein einziges Mal ist es mir gelungen, eine Person – ein Mädchen – nach einem Exorzismus von nur zehn Minuten Dauer zu befreien. Aber das habe ich ja schon erzählt ... Im ersten Exorzismusgebet heißt es in der Tat: «Eradicare et fugare»; der Exorzist bittet Gott, er möge den Teufel entwurzeln und in die Flucht schlagen. Je länger man zuwartet, desto tiefere Wurzeln treibt er und desto schwieriger gestaltet sich die Befreiung.

## «Ich will nicht dich, ich will meine wahre Mama»

Fälle von besessenen Kindern sind nicht einmal selten. Und sogar von Kindern im Alter von zwei oder drei Jahren ... Stellen sie sich einen zweieinhalbjährigen Buben vor, der sich weigert, eine Kirche zu betreten, der den Anblick von Priestern nicht erträgt, der alle Heiligenbilder im Haus fortschmeißt, der Wutanfälle bekommt, bei denen seine Kräfte sich verzehnfachen. Und dies mit zweieinhalb Jahren! Ich habe mehrere solche Fälle von kleinen Kindern gehabt. Dann auch von solchen, die schon etwas größer waren. Auch bei Kindern führe ich einen regulären Exorzismus durch und schaue dabei auf die Reaktionen, die während der Sitzung ausgelöst werden.

Manchmal sprechen die Dämonen, manchmal auch nicht. Im letzteren Fall deshalb, weil diese Kinder oft stumm geworden sind. Sie schweigen. Nicht nur während des Exorzismus, sondern ebenso im normalen Leben. Sie sagen kein Wort mehr, von Schule kann keine Rede mehr sein. Es ist wie wenn eine «Ligatur», eine Unterbindung der Zunge und des Mundes stattfände. Es braucht viel Zeit und Mühe, um sie zu befreien. Es gelingt nicht immer. Oft handelt es sich um Verwünschungen. Anderenfalls ist es auf die Sünden eines nahen Verwandten des Kinde zurückzuführen, auf eine Person, die an spiritistischen Sitzungen teilgenommen und sich dem Satan verschrieben hat. Oder die mit Magiern und Kartenlegerinnen verkehrte oder sich den Praktiken des Okkultismus hingab.

Als Beispiel für die Besessenheit von Kindern kann ich folgendes Zeugnis anführen.

Es betrifft eine Familie, bestehend aus dem Ehemann, seiner Frau und drei Kindern. Der Ehemann ist Arzt und war früher sehr religiös. Seit ungefähr zehn Jahren geht er nicht mehr in die Kirche. Der Vater seiner Frau lebt seit fünfundzwanzig Jahren in wilder Ehe mit seiner Sekretärin, die Mitglied einer satanischen Sekte ist, die schwarze Messen veranstaltet. Was die Ehefrau betrifft: In der Vergangenheit nahm sie am kirchlichen Leben nicht teil, doch am Aschermittwoch vor zwei Jahren begab sie sich in die Kirche. Als sie nach dem Gottesdienst die Kirche verließ, waren ihre Augen schmerzhaft angeschwollen und die Gesichtshaut ganz mit Schuppen bedeckt.

In ihrem Haus – sie bewohnen ein restauriertes und geschmackvoll eingerichtetes Haus – stellen alle Bewohner seltsame Phänomene fest. Auf den Möbeln und auf den hohen Kleiderschränken findet man oft Verpackungen von Süßigkeiten und Speiseeis und ähnliche Gegenstände. Man findet solches auch in den Schubladen mitten unter anderem Zeug. Die Kinder können diese Dinge unmöglich dorthin gelegt haben. Mehrmals hat sich der Fußboden aufgebläht, auch in den höheren Stockwerken, was sich im Prinzip nicht von selbst ereignet. In einigen Zimmern bekamen die Zwischenwände Risse, aus denen Wasser floss. Dann auf einmal sind die Risse wie verschwunden. Oft sind es die elektrischen Haushaltsgeräte, die plötzlich nicht mehr funktionieren. Man lässt den Elektriker kommen; dieser stellt fest, dass alles bestens funktioniert. Kaum ist dieser aus dem Haus, beginnt der Zirkus von neuem. Oder das elektrische Gartentor öffnet sich am Morgen, wenn alle das Haus verlassen, aber es lässt sich nicht mehr schließen und bleibt so den ganzen Tag offen. Wenn sie am Abend nach Hause kommen, funktioniert alles wieder bestens. Vier Mal geschah es, dass die Bewohner ihre Kleider von den Kleiderbügeln abgehängt am Boden der Kleiderschränke liegend fanden. Zweimal fand man in den Schränken auf dem untersten Brett

Bluttropfen und ganze Flecken von Blut. Oft vernehmen alle sowohl tagsüber wie auch nachts bald schwerfällige, bald weiche Schritte wie die eines kleinen Kindes, das durch die Wohnung trippelt. Oder sie vernehmen das Rascheln von Spielkarten, die man über den Tisch schleift. Oder sie hören Tischtennisbälle oder Billardkugeln auf dem Boden aufprallen und herumkugeln, bald hier bald dort im Hause. Mehrmals kam es vor, dass das Telefon von selbst eine Nummer wählte, ohne dass eine Person den Apparat berührte. Mitten in der Nacht schaltet der Fernseher ein und aus, ohne dass jemand ihn berührt hat. Sogar im Sommer drehten sich die Ventile der Heizkörper von selbst auf und erzeugten von früh bis spät eine erstickende Hitze. Es war unmöglich, für dieses Problem eine Lösung zu finden.

Doch damit ist es noch nicht genug! Es kam mehrmals vor, dass die Eltern, wenn die Kinder außerhalb des Hauses waren, deren Stimme und Gerede mit anderen Kindern vernahmen. Der jüngste Bub ist jetzt vier Jahre alt. Als er zu sprechen begann, weinte und schrie er nachts oft. Er schlug auf seine Mutter ein und stieß sie von sich weg, wobei er schrie: «Dich will ich nicht, ich will *meine* Mama.» Diese Szene wiederholte sich mehrmals. Ebenso folgende: Unter den Spielzeugen der Kinder auf dem Fußbodenbelag fand man mehrmals Kugeln von menschlichem Kot; am Abend war alles gereinigt, als ob da nie etwas gewesen wäre. Nur jeweils am Morgen kamen diese ekelhaften Dinge zum Vorschein. Auch kommt es nun zwischen dem Ehemann und seiner Frau zu häufigen grundlosen Auseinandersetzungen. Auch das ältere Kind weigert sich jetzt, in die Kirche zu gehen. Und dann das seltsame Verschwinden von Gegenständen! Die Mutter muss oft das Sieb oder andere Haushaltsgeräte gerade dann, wenn sie diese braucht, überall suchen und findet sie nicht. Sie bittet ihre Kinder, ihr bei der Suche zu helfen, aber auch diese finden sie nicht. Wenn dann das Dienstmädchen eintrifft, findet diese alle Haushaltsgeräte am richtigen Platz ...

Wahrhaftig, das war eine lange Liste! Doch für uns Exorzisten ist das fast etwas Alltägliches. Diese Mutter ist heftigen Versuchungen zum Selbstmord ausgesetzt, besonders beim Autofahren; sie sieht keine andere Lösung mehr als von der Fahrbahn abzukommen und ihrem Leben ein Ende zu machen.

Nach zwei Tagen sehr hohen Fiebers fand sie in ihrem Slip eine chirurgische Nadel mit einem dicken schwarzen Faden. Ein befreundeter Chirurg, dem ich diesen Gegenstand zeigte, bestätigte, dass es sich tatsächlich um einen Faden handelte, den man gebraucht, um Wunden zuzunähen, der aber aus einem in der Chirurgie nicht üblichen Material bestand. Der betreffende Faden zerbröckelte in den Händen des Chirurgen.

Sie ging zu einem Priester, um sich segnen zu lassen. Dieser Priester war aber dazu nicht ermächtigt. Ich glaube, dass er Magie trieb. Sie musste ihm die Namen verstorbener Verwandter nennen, besonders jener, die ein Kind verloren hatten. Dann rief er diese bei seinen Segnungen an, damit sie ihm helfen, die Dämonen zu vertreiben. Er beschwor also die Verstorbenen, jedoch ohne jemals dem Dämon im Namen Jesu Christi den Befehl zu geben, dass er sein Opfer verlasse und verschwinde. Der Zustand der Frau hatte sich von da noch verschlimmert ...

Schließlich hatte sie mich aufgesucht. Kaum hatte ich die Worte «*In nomine Patris ...*» ausgesprochen, fiel sie in Trance. Auf dem Boden ausgestreckt und wie tot knirschte sie mit den Zähnen, versuchte zu erbrechen, verdrehte die Augen, so dass man nur das Weiße sah.

Es waren vier Männer zugegen, die mir halfen, und es brauchte wirklich alle vier, als sich bei der Patientin heftige

Reaktionen zeigten. Sie begann zu schreien und zu pfeifen; sie verweigerte das Weihwasser, sie widersetzte sich den Salbungen, besonders am rechten Ohr und am Hals. Ich legte die Hand auf ihren Bauch. Dieser blähte sich auf und wurde hart; man hätte glauben können, es befände sich drinnen ein faustgroßer Ball, der sich hin und her bewegte. Als ich dem Teufel befahl, seinen Namen zu offenbaren, versuchte die Patientin mit all ihren Kräften zu sprechen, blieb aber wie durch einen inneren Widerstand blockiert. Dann begann sie sich auf dem Boden zu wälzen, um sich von den Fesseln zu befreien. Einer meiner Assistenten, der sehr stark ist und der die Frau an den Füßen festhielt, wurde von ihr zu Boden geschlagen. Schließlich hörte man die von den Dämonen häufig gesprochenen Worte: «Ich ziehe nicht aus, nein; diese gehört mir ...» Nach fünf Viertelstunden hatte die Patientin ihren normalen Zustand wiedergefunden und fühlte sich sehr erleichtert, als wir das Bittgebet zur Madonna von Pompei sprachen.

## Jetzt kann das Töchterchen endlich laufen

Das Töchterchen ist zwei Jahre und vier Monate alt, aber es kann immer noch nicht laufen. Die Eltern brachten es in ein spezialisiertes pädiatrisches Zentrum, wo es sich allen möglichen diagnostischen Untersuchungen unterziehen musste, auch den modernsten und für ein Kind dieses Alters gewagten. Die ärztlichen Bemühungen haben sich als erfolglos und vergeblich erwiesen. Das Kind wurde für vollkommen gesund erklärt. Wenn es von anderen gestützt wird, kann es laufen, wenn es aber allein gelassen wird, bleibt es stehen. Seine Eltern machen sich große Sorgen und sind an die Grenzen ihrer nervlichen Belastbarkeit gestoßen.

In einem solchen ungewöhnlichen Fall ist es ratsam, einen Zyklus von Gebeten um Heilung und Befreiung zu beginnen. Dann wartet man und beobachtet, was sich als Ergebnis zeigt. Es könnte sich eventuell auch um ein Übel dämonischen Ursprungs handeln, um ein Übel, das auf eine Verwünschung zurückzuführen ist. So unglaublich dies erscheinen mag, die Verwünschung könnte von einer der Großmütter des Töchterchens ausgegangen sein. Es könnte sein, dass diese aus der körperlichen Beeinträchtigung des Kindes persönliche Vorteile herauszuschlagen versuchte, indem sie so ihre Tochter zwingen wollte, deren Wohnort aufzugeben und in die Nähe ihrer Mutter zurückzukehren. Im vorliegenden Fall ist einer der Gründe für diesen Verdacht die Tatsache, dass diese Großmutter nach der Heirat ihrer Tochter in ein Spital eingeliefert werden musste und dort wegen einer rätselhaften Krankheit, die kein Arzt weder diagnostizieren noch heilen konnte, drei Monate lang gepflegt werde musste. Erfolgte also dieses Leiden aus der Tatsache einer Heirat, die sie ablehnte, weil sie ihre Tochter von ihr entfernte?

So bat ich denn am 23. Dezember 1999 eine Gebetsgruppe, einen Gebetszyklus für die Befreiung und Heilung des Töchterchens zu beginnen, der bis zum 29. desselben Monats dauern sollte. Weitere Personen sollten dann bis zum 31. weiterfahren, um eine ganze Novene abzuhalten. Auch heute noch wird für die Heilung dieses Kindes gebetet.

Ich halte es für meine Plicht, darüber zu berichten, wie es nun dem Töchterchen geht. Am 1. Januar 2000 fing das Kind zum ersten Mal in seinem Leben an, ganz alleine zu laufen. Etwa zehn Mal überschritt es vor den Augen seiner vor Erstaunen sprachlosen Eltern die Schwelle des Hauses. Zur Zeit bewegt es sich und läuft ohne Hilfe, auch wenn sein Gang noch zögernd ist. Die Eltern, die fern von Rom wohnen, hatte ich über die besonderen Gebete für das Kind nicht informiert. Ich habe sie nur gebeten, mich von den Reaktionen des Töchterchens in Kenntnis zu setzen.

Nun habe ich die Eltern ersucht, mit einem Exorzisten Kontakt aufzunehmen, und gab ihnen auch den Namen des Priesters bekannt, an den sie sich wenden sollen. Diese Aufgabe war nicht leicht, denn diese Leute waren auf eine solche Art von Prüfung völlig unvorbereitet. Doch sie gaben ihre Zustimmung und sind nun sehr zufrieden und glücklich über den Empfang und die Arbeit des Priesters sowie vor allem über den erzielten Erfolg.

# Levitation

### *Haben Sie bei Ihren Patienten jemals Phänomene der Levitation beobachtet?*

Es ist mir ein Mal passiert, ein einziges Mal. Und um die Wahrheit zu sagen, ich habe es nicht einmal bemerkt! Denn ich war vom Gebet und vom Exorzismus ganz in Anspruch genommen. Übrigens wurde der Besessene wirklich hochgehoben, aber nicht viel. Es war ein junger Mann, ein seltsamer Fall. Es war einer der ersten Fälle, mit denen ich zu tun hatte. In wenigen Monaten wurde er befreit, was sehr ungewöhnlich ist.

Im Februar kam er zu mir, um die ersten Exorzismen zu erhalten. Er wurde von einem Franziskanerpater, einem Freund von mir, begleitet. Dieser Pater ist ein Hüne von Mann. Es waren noch andere vier Personen da, um den Patienten festzuhalten. Denn die gewaltige Kraft des Besessenen entfesselte sich, bevor er in Trance fiel. Er wurde sitzend exorziert. Da meine Aufmerksamkeit ganz auf die Gebete gerichtet war, achtete ich nicht auf ihn. Da sagten die anderen plötzlich zu mir: «Schauen Sie, er erhebt sich in die Luft!» Und tatsächlich schwebte sein Körper frei im Raum, ungefähr dreißig, vierzig Zentimeter über dem Sitz.

Fälle von erheblicher Levitation jedoch habe ich nie erlebt. Es gibt sie, sie können vorkommen. Der Dämon will damit seine Macht in anschaulicher Form bekunden. Man darf nie vergessen, dass der Teufel nicht daran interessiert ist, Personen zu besitzen, sie in seinen Besitz zu bringen. Die Besessenheit ist eine außergewöhnliche Tätigkeit des Teufels. Woran es dem Teufel in erster Linie gelegen ist, ist seine gewöhnliche Tätigkeit, und die besteht darin, die Menschen in die Sünde zu treiben. In die Sünde, in die Versuchung zu führen, der wir alle unterworfen sind von der Geburt an bis zum Tode. Man hat mich öfters gefragt: «Ist die Muttergottes auch vom Teufel versucht worden? Auf diese Frage habe ich geantwortet: «Ja.» «Wann?» Hier meine Antwort: «Von ihrer Geburt an bis zu ihrem Tod. Es gehört zur ‹conditio humana›. Auch Jesus wurde vom Teufel versucht. Der Evangelist Markus sagt es deutlich. Er spricht nicht von den drei Versuchungen, wie dies Matthäus tut, sondern sagt, dass er vierzig Tage in der Wüste weilte und vom Teufel versucht wurde. Während dieser ganzen Zeit und auch nachher, immer, während seines ganzen Lebens.»

Der Teufel ist vor allem daran interessiert, den Menschen in die Sünde zu stürzen. In den Fällen von Besessenheit hingegen will er einfach seine Macht bekunden. Diesbezüglich ist es hochinteressant, einen Blick auf das Leben der kleinen arabischen Karmeliterin Schwester Mirjam (1846-1878) zu werfen. Sie ist die einzige arabische Heilige; sie wurde von Johannes Paul II. seliggesprochen. Zweimal in ihrem Leben war sie vom Teufel besessen und musste exorziert werden. Der Teufel litt enorm während dieser Exorzismen. Die Schwester stieß Flüche aus, machte entsetzliche Dinge ... Es war nicht sie! Der Teufel suchte ihr furchtbare Schmerzen zuzufügen, damit sie sich gegen Gott auflehne. Als sie befreit worden war, sagte die kleine Araberin nach dem Exorzismus: «Ich danke Dir, mein Herr ... ich preise Dich, mein Herr.» Der Teufel versuchte, sie in die Verzweiflung, in die Rebellion gegen Gott zu stürzen. Er verhieß: «Ich werde dich vierzig Tage lang in Besitz nehmen.» Es gelang ihm nicht, sie zur Verzweiflung zu bringen. Er gelangte an einen Punkt, wo er nicht mehr weiterkonnte, wollte ausfahren, musste aber dennoch bleiben, weil er vierzig Tage gesagt hatte. Und vierzig Tage musste er bleiben.

### *Schickt Gott während der Exorzismen auch Engel, um gegen den Teufel zu kämpfen, oder überlässt er die ganze Arbeit Ihnen?*

Ich habe nie die Gegenwart von Engeln während der Exorzismen wahrgenommen. Ich weiß von einer Episode im Leben von Pater Pio, der vom Teufel bis aufs Blut geschlagen wurde. Nachdem der Teufel aufgehört hatte, ihn zu schlagen, richtete er eine Frage an seinen Schutzengel: «Warum hast du nicht helfend eingegriffen?» Der Schutzengel, der vor Kummer zu weinen schien, erwiderte: «Weil der Herr nicht wollte, dass ich eingreife.» Pater Pio ist alle Tage seines Lebens vom Teufel geschlagen worden, sogar als er noch ein Kind war. Mit Ausnahme der wenigen Tage nach seiner Stigmatisierung, an denen ihn der Teufel in Ruhe ließ. Dann aber von neuem, täglich. Und immer nach den Angriffen des Teufels, nach den Schlägen, hatte er eine Erscheinung, entweder eine Erscheinung des Herrn, oder die Muttergottes erschien ihm. Eine Tröstung. Pater Pio hat viel, sehr viel gelitten. Er entriss dem Satan die Seelen und Satan wollte sich an ihm rächen und der Herr ließ ihn machen, weil der Pater dem Satan die Seelen entriss. Unzählig sind die Bekehrungen, die Pater Pio bewirkte! Ja, man kann sie gar nicht zählen!

# Es gibt keine Gespenster

### *Und die Gespenster? Existieren diese?*

Nein, sie sind reine Erfindung, oder dann Masken und Verkleidungen des Teufels, der sich in der Gestalt von sogenannten Gespenstern oder «Geistern» anschaulich zu erkennen geben will. Es gibt nur Engel, Dämonen und Menschen.

### *Hatten Sie schon mit Dämonen zu tun, die man je nach ihrem Wirken als Incubi oder als Succubi bezeichnet hat?*[9]

Ja natürlich!, vor allem mit den Succubi.

Der Dämon ist ein reines Geistwesen, und um sich sichtbar zu machen, muss er irgendeine Gestalt annehmen. Das gilt auch für die Muttergottes, für die Engel und die Heiligen. Exemplarisch ist hier der Fall des Erzengels Rafael. Um mit dem Sohn des Tobias zu reisen, nimmt er das Aussehen eines jungen Mannes im Reisegewand an. Erst am Ende gibt er sich zu erkennen ...

Bei Pater Pio zeigte sich der Teufel oft in der Gestalt eines knurrenden bösen Hundes, der ihn in Furcht und Schrecken versetzte. Um den Pater zu täuschen und in die Irre zu führen, nahm der Teufel die Gestalt Jesu, der Muttergottes, seines

9 Als Incubi werden jene Dämonen bezeichnet, die in den Menschen unbegründete furchtbare, mit dem Gefühl des Erdrücktwerdens und des Erstickens verbundene Ängste hervorrufen.

Als Succubi werden jene Dämonen bezeichnet, die sich in der Gestalt von sexuell provozierenden, meist weiblichen Wesen dem Menschen wider seinen Willen aufdrängen und ihn zur Sünde verführen wollen. (Anm. d. Ü.)

Oberen, seines Spirituals oder seines Paters Guardian an! Er betrat seine Zelle und erteilte ihm Befehle ... Deswegen ganz verlegen ging Pater Pio zur Zelle von Pater Guardian und frage ihn: «Aber Pater Guardian haben Sie mir wirklich gesagt, ich müsse das und das tun?» Pater Guardian antwortete: «Aber nein, ich bin überhaupt nicht bei Ihnen gewesen!» Da verstand er, dass er es mit dem Teufel zu tun hatte. Manchmal erschien er ihm in der Gestalt von nackten Mädchen, die ihn provozieren und im Bereich der Keuschheit in Versuchung führen wollten. Attraktive nackte Mädchen, gewiss sehr schöne. Der Teufel hat mir einmal gesagt: «Zahlreich sind die Frauen, die ihr als Schönheiten betrachtet. Nun, diese sind hier mit mir in der Hölle.» Man denke an gewisse Frauen, die Ärgernis erregen, an Schauspielerinnen, die in Pornofilmen mitwirken ... Millionen von skandalösen Geschöpfen. In der Hölle. Mir jedoch haben sich die Dämonen nie in vorgetäuschter Gestalt oder Verkleidung präsentiert.

## Die Versuchung zum Stolz

***Für einen Priester wie Sie, der gegen den Teufel kämpft und ihn mit den Exorzismen austreibt …, besteht da nicht die Gefahr des Stolzes?***

Und wie! Etwa wenn ich in der Kirche der Immaculata Exorzismen vornehme und über etwa zehn Personen verfüge, die mir dabei helfen, und ich die führende Person bin ... so ist doch mein Geist während des Exorzismus ganz dem Heiligen Geist zugewendet. Ich rufe ihn an: Heiliger Geist, komm Du mir zu Hilfe, ich bitte Dich. Du weißt, ich bin ein Nichtsnutz, Du weißt, dass ich keinen Pfifferling wert bin ... Komm Du mir zu Hilfe. So bitte ich ständig um Hilfe. Denn wenn man der Versuchung nachgibt ...

Auch wenn ich eine Predigt halte, ist es ähnlich ... Ich predige zwar selten, nur bei größeren Anlässen. Jedes Mal gibt es da Gläubige, die mich nach dem Gottesdienst bestürmen, die mich berühren wollen. Um mich gegen diesen Andrang zu schützen, bin ich von einer Art Wachmannschaft umgeben. Ich rufe dann diesen Leuten zu: «Kommt, nun macht schon, berührt mich. Ihr werdet schon sehen, wie ich nach Salami rieche!» ...

Doch die Versuchung besteht, und wie! Die größte Versuchung des Teufels ist gerade die Versuchung zum Stolz. Die schlimmsten Sünden sind die des Stolzes. Sie sind am Ursprung aller anderen, auch wenn die häufigste Sünde – nicht die gravierendste, jedoch die häufigste – die der Unzucht ist. Vom heiligen Alfons von Liguori stammt der Satz, den ich zwar schon einmal erwähnt habe: «Wegen dieser Sünde kann man in die Hölle kommen, aber ohne diese Sünde nicht.»

Was die Sünde des Stolzes anbelangt, möchte ich Ihnen die Episode von einem heilsamen Fußtritt erzählen ...

Während eines Befreiungsgebetes haben wir, eingedenk der Tatsache, dass der Teufel das aufrichtige Bekenntnis der Sünden und die Reue verabscheut, eine ausführliche und auch öffentliche Beichte all unserer Sünden (auch die unserer Familien und der Verstorbenen) abgelegt. Anschließend hat sich jeder für die persönliche Anklage zum Priester begeben, um die Absolution zu erhalten. Als Letzter kniete ich vor dem anderen Priester hin, der mit mir zusammen den Befreiungsritus durchführte, um die Vergebung all meiner Sünden zu erbitten, vor allem jener, die die Wirksamkeit des mir anvertrauten Amtes behindern.

In diesem Augenblick erhielt ich von hinten einen saftigen Fußtritt in den Hintern. Er kam von einer «Patientin», die sich der Überwachung durch meine Assistenten mit großer Behändigkeit plötzlich entzogen hatte. Auf diese Weise hat sie mir die Stimmung des Teufels, wenn dieser jemanden beichten sieht, zum Ausdruck gebracht. Für mich war dieser Fußtritt heilsam. Und deshalb dehne ich dessen Wirkung auf all jene aus, die eines Anstoßes bedürfen, um ihre Sünden beichten zu gehen.

# Der Teufel versteht keinen Spaß

### *Kommt es vor, dass der Teufel seine Scherze mit ihnen treibt?*

Nein, er hat keinen Sinn für Humor. Selbst wenn von Zeit zu Zeit ... Einmal hat er sich über mich lustig gemacht. Wir exorzierten eine Frau, die schon mehrmals auch von Pater Candido exorziert worden war. Ich glaube, es ist einer jener Fälle, bei welchen es nie zu einer endgültigen Befreiung kommt; immerhin lassen sich Besserungen des Zustandes feststellen. Die betreffende Frau kann jetzt alles machen, sie kann ein normales Leben als Hausfrau und Mutter führen, doch wird sie nie in den Genuss einer vollständigen Befreiung kommen ...

Kurz und gut, ich arbeitete mit einem anderen Exorzisten zusammen, der ebenfalls ein Schüler von Pater Candido war und tüchtiger war als ich. Es war wohl das einzige Mal, dass wir einen Exorzismus durchführten, der fünfeinhalb Stunden dauerte. Es war der Festtag der Immaculata, ein sinnreicher Tag ... Dieser Exorzismus dauerte, wie gesagt, fünfeinhalb Stunden und es hatte wirklich den Anschein, als ob der Teufel die Frau verlasse. Endlich Tränen der Ergriffenheit, Umarmungen und Küsse. Doch nach einer Woche war alles wie vorher. Da sagte mir Pater Candido: «Sehen Sie, Pater Amorth, lang dauernde Exorzismen bringen nichts ... ich exorziere nie länger als eine halbe Stunde ...»

***Und warum und wie nahm der Teufel Sie auf den Arm?***

In heftigem Ton wies ich den Teufel zurecht: «Du hattest mir doch gesagt, du würdest an diesem Tag ausziehen!» Ich machte ihm also Vorwürfe. «Und du hast mir sogar die genaue Stunde gesagt, und doch bist du nicht ausgezogen!» Er erwiderte mir mit einer affektiert süßlichen Stimme: «Weißt du denn nicht, dass ich ein Lügner bin? Hat man dich das nie gelehrt? Ich lüge! Ich bin ein Lügner! Haben sie dir das nie beigebracht?» Ich fühlte mich ganz gedemütigt. Ich wäre am liebsten im Erdboden versunken!

# Ein spöttischer Teufel

Die Frau, von der hier die Rede ist, ist eine fünfzigjährige Witwe mit einer Tochter und zwei Neffen. Sie sagt, sie leide seit ihrer Heirat an Asthma, sie falle oft in Ohnmacht, habe Magen- und Bauchschmerzen. Auch erbreche sie seltsame Dinge wie Haare, rohe Bohnen ... Sie vernimmt Schläge im Haus und oft wackeln die Möbel. Sie hat das Gefühl, dass sie von verschiedenen Personen, von Verwandten und Freundinnen gehasst werde, vor allem aber von der Schwiegermutter, die sie nie als Braut ihres einzigen Sohnes akzeptiert hatte.

Wenige Minuten nach Beginn des Exorzismus fällt sie in Trance und der Teufel beginnt zu sprechen. Er bedroht die Kranke und sogar den Exorzisten. Ich fahre ihn heftig an: «Tu mir ja nichts an, denn ich bin ein Diener Christi und du kannst ohne seine Erlaubnis nicht einmal ein Wort aussprechen, ja nicht einmal eine Bewegung machen; du musst Ihm gehorchen und du musst auch deinem Chef Luzifer gehorchen.» Er antwortet mir: «Ich bin Luzifer.» «Aha, du bist Luzifer. Dann verprügle ich dich ganz ordentlich mit dem Exorzismus.» Er reagiert auf den Exorzismus und später auch auf das «Gott sei gebenedeit» sowie auch auf das «gebenedeit sei ihre Heilige und Unbefleckte Empfängnis.»

Als ich sehe, dass er zittert und bebt, sage ich zu ihm: «Nicht wahr? Der Name Maria erregt dich und lässt dich erzittern? Er lässt dich erzittern, weil die Jungfrau Maria dir nie durch die Sünde unterworfen war, weil sie ohne Erbsünde war und weil sie dir den Kopf zertreten hat.» Da unterbricht mich der Teufel: «Weißt du mit welchem Fuß?» Ich gehe auf seine Frage ein: «Mit welchem Fuß! Nun, das möchte ich selber gern wissen.» Seine Antwort: «Mit dem rechten Fuß.» Ich dringe auf ihn ein mit der Frage: «Warum mit dem rechten?» Prompt erfolgt die Antwort: «Weil dieser stärker und energischer ist.» Ich bin sprachlos, doch der Verdacht steigt in mir auf, dass er mir eine faustdicke Lüge erzählt hat. Tags darauf habe ich Gelegenheit, mich mit meinem Bischof zu unterhalten und erzähle ihm die Episode mit dem Teufel. Er sagt mir, diese Geschichte mit dem rechten Fuß sei Blödsinn. Denn die Muttergottes hat in der Tat nichts Materielles zertreten und keinen Fuß benützt; wir sind hier im Bereich der Theologie und nicht der Physik. Gewiss wurde Satan besiegt und sein Reich zerschlagen, doch wir befinden uns hier in der geistigen, nicht-materiellen Welt.

Eine Woche später während des Exorzismus an derselben Frau, als sie schon außer sich ist, ihre Augen verdreht sind und sich wie eine Schlange mit furchtbaren Krämpfen windet, stößt der Eindringling Beleidigungen und Drohungen aus, die vor allem gegen den Exorzisten gerichtet sind. Um abzulenken, gibt er auch Unüberlegtes von sich. Da unterbreche ich ihn: «Du, Luzifer, sag' mal, was nun die Geschichte mit dem Fuß betrifft ...» Der Teufel erwidert mir sogleich mit frostiger Stimme, die mich erstarren lässt: «Ich habe mich über dich lustig gemacht, ich habe dich zum Narren gehalten.» Ist das nicht eine Lehre, dass man aus Neugierde gestellte Fragen vermeiden soll?

# Hass und Bekehrung

### *Sucht der Teufel sich verhasst zu machen?*

Nein, er sucht überall den Hass zu schüren, er will alle in den Hass treiben. Aufrichtiges Verzeihen ist unerlässliche Voraussetzung für die Befreiung. Es ist unmöglich, Personen zu befreien, die einen Groll gegen jemanden hegen und dieses Ressentiment nicht überwinden können. Das von Herzen Verzeihen ist fundamental.

Warum lässt es der Herr zu, dass so viele Menschen, auch gute, sogar Kinder davon betroffen sind? Ich weiß es nicht, jedoch weiß ich, dass die Exorzismen hier viel Gutes bewirken können. Was ich jeweils zuerst frage, ist: «Gehst du jeden Sonntag zur Messe? Beichtest du oft?» Meistens antwortet man mir mit Nein. Ich verteile dann an alle ein Blatt mit den Zehn Geboten, wobei ich ihnen sage: «Damit muss man beginnen!» Dann sagen mir die Leute oft: «Ich lebe im Konkubinat mit jemandem zusammen.» Sehr viele Leute leben heute ohne Trauschein zusammen. Was kann ich da machen, wenn die Leute in der Sünde leben? Doch oft erlebe ich Bekehrungen. Seitdem ich exorziere, habe ich viel mehr Bekehrungen erlebt als früher. Es ist ein Weg der Bekehrung, und nicht nur des direkt Betroffenen.

### *Was fragen Sie den Teufel?*

Das Gespräch mit dem Dämon ist stets und ausschließlich auf die Befreiung des Patienten ausgerichtet. Vor vielen Jahren habe ich ein Buch gelesen, das in Amerika erschienen und von einem Exorzisten und bekannten Theologen verfasst war. Darin hat er seine Gespräche und Diskussionen mit dem

Teufel festgehalten. Dabei hat der Teufel ihn stets hereingelegt, so sehr war er ihm überlegen. Der Teufel ist sehr intelligent. Er ist ja – von der Erschaffung her – ein Engel! Er hat die ganze Intelligenz, die Macht und die Freiheit des Engels bewahrt. Man soll sich nie in eine Diskussion mit dem Teufel einlassen. Man frage ihn nur solche Sachen, die für die Befreiung nützlich sind. So erfährt man nach und nach wie der Patient Opfer einer Verwünschung oder Verhexung geworden ist, falls eine solche überhaupt vorliegt; oder wie und aus welchem Grund der Dämon in ihn eingedrungen ist und wann das geschehen ist.

Vergessen wir nicht, dass der Teufel ein Lügner ist. Seine Antworten müssen bewertet und wenn möglich überprüft werden. Eines Tages, als ich ein Mädchen exorzierte, fragte ich ihn: «Wann bist du eingedrungen? Wie alt war dieses Kind?» Er antwortete: «Sechzehn Jahre.» Nach Beendigung des Exorzismus fragte ich das Mädchen selbst: «Wann hast du erste Anzeichen deiner Erkrankung wahrgenommen?» «Als ich sechzehn Jahre alt war, Herr Pater ...» Dann habe ich auch die Eltern befragt und auch sie bestätigten dies. Diesmal hat mir also der Teufel die Wahrheit gesagt. Alle Aussagen müssen immer überprüft werden. Insbesondere muss die sehr wichtige Information über den Ursprung der diabolischen Quälereien oder der Besessenheit genau überprüft werden. Oder: Von wem ist die Verwünschung oder Behexung ausgegangen?

Der Teufel versucht immer, Groll und Rachsucht zu erzeugen. Man wird vielleicht antworten: «Die Verwünschung rührt von der Schwiegermutter her oder von der Schwester, oder sie hat ihren Ursprung bei der Cousine oder bei der Tante ...» Später findet man heraus, dass es nicht wahr ist. Bisweilen, wenn man der Sache auf den Grund geht, erfährt man, dass die Schwiegermutter zutiefst darüber erbittert war, dass das Mädchen ihr ihren Sohn «gestohlen» hatte ... Es gibt manchmal Mütter, die sind so eifersüchtig auf ihre Söhnchen, dass dessen Heirat für sie zur Katastrophe wird. Wenn man noch weiter nachforscht, wird man vielleicht erfahren, dass die Schwiegermutter der Magie oder ähnlichen Zaubereien verfallen ist.

Man sucht also herauszufinden, welches die Ursache und auch der angestrebte Zweck der Verwünschung oder Behexung ist. Wie wir gesehen haben, kommt es vor, dass eine Verwünschung ausgestoßen wird, damit das Opfer keine Arbeit mehr findet, dass es nie mehr heiratet ...

## Eine kurze Autobiografie

***Pater Amorth, nachdem wir nun ans Ende dieser unserer Reise durch das weite Gebiet des Exorzismus gelangt sind, wollen wir noch einmal über Sie sprechen, der Sie uns begleitet haben bei der Entdeckung jener wahren Tatsachen, die zu wissen ebenso erschreckend sind wie gefährlich, wenn man sie ignoriert. Wie kamen Sie dazu, Priester zu werden?***

Ich wurde in einer religiösen Familie geboren. Meine Eltern und meine vier Brüder – alle viel besser als ich – waren alle sehr religiös. Unsere religiöse Bildung haben wir von der Familie und von der katholischen Bewegung *Azione Cattolica* in der Pfarrgemeinde erhalten. Wir wohnten in der Stadt Modena. Unsere Kirche war die Kirche San Pietro, wo jetzt ein Benediktiner, ein Freund von mir, Exorzist ist. Meine ganze Jugend, mein intensiv religiöses Leben habe ich der *Azione cattolica* gewidmet, wobei ich vor allem als Katechet tätig war. Mit ungefähr vierzehn Jahren begann ich, über den Priesterberuf und eine eventuellen Berufung nachzudenken. Etwas später ist einer meiner besten Freunde Priester geworden. Wir hatten zusammen die gleiche Schule, das gleiche klassische Gymnasium für Knaben und Mädchen, bis zur Matura besucht. Alle wussten, dass er Priester werden wollte. Vielleicht hat auch dieses Element eine Rolle gespielt.

Priester also. Aber wo? Als Pfarrer einer Gemeinde, als Ordensmann in einem Orden oder in einem kirchlichen Institut oder anderswo? Hier lag für mich ein Problem! Ein glücklicher Zufall verschaffte mir die Gelegenheit, mit Don Giacomo Alberione zusammenzutreffen. Schon das erste Gespräch mit ihm überzeugte mich ganz und gar, dass der

Mann, der mir gegenüberstand, ein Mann Gottes war. Ich fragte ihn, in welchen Orden, in welche Kongregation, in welches kirchliche Institut ich eintreten solle. Er sagte zu mir: «Morgen früh werde ich die Heilige Messe für dich lesen.» Am Morgen stand ich sehr früh auf, denn ich wusste, dass er die tägliche Messe jeweils um vier Uhr morgens zelebrierte. «Ah, du bist auch hier!», sagte er. Nach der Messe verriet er mir: «ER hat mir gesagt, dass du in die Gesellschaft San Paolo eintreten sollst.» Ich war in der obersten Klasse des Gymnasiums. «Gut, einverstanden. Ich werde die Matura machen und dann werde ich eintreten», sagte ich.

Wir sind seither immer in Kontakt geblieben, auch während des Krieges, der gerade nach der Matura ausbrach. Meine vier Brüder und ich wurden zu den Fahnen gerufen und jeder von uns hat seine je eigenen gefahrvollen Abenteuer erlebt. Ich habe als Partisan in der Widerstandbewegung gekämpft und bin oft in gefährliche Situationen geraten. Für meine soldatischen Leistungen hat man mir die Tapferkeitsmedaille verliehen. In der schwierigen Zeit nach dem Krieg schien es mir unangebracht, meine Eltern im Stich zu lassen und sogleich in die Gesellschaft San Paolo einzutreten. Ich sagte dies Don Alberione und fragte ihn daher, welches Studium ich inzwischen an der Universität der Stadt aufnehme solle. «Mach, was du willst», antwortete er. Zwei meiner Brüder waren bereits promovierte Juristen. So wählte auch ich die Jurisprudenz. Und ich tat gut so, denn man hat mir das Doktorat gewissermaßen geschenkt. Ich habe kaum Vorlesungen besucht … Aufgrund der großen Hochachtung, die die Professoren der juristischen Fakultät vor meinen Brüdern hatten, schenkten sie mir die Examen.

Im Jahr 1947 – ich war damals zweiundzwanzig Jahre alt und hatte eben die Doktorwürde erlangt – bin ich in die christliche Partei (Democrazia cristiana) eingetreten. Zwar hatte ich keine große Lust, mich politisch zu betätigen, doch Dossetti[10] hatte mich dazu ermuntert. Er war mein Professor für kanonisches und kirchliches Recht gewesen und als Freund unserer Familie war er oft zu Besuch im Haus meiner Eltern, wo er uns alle für die Politik begeisterte und mich und meine Brüder anspornte, sich politisch zu betätigen. Unser Chef in Modena war Ermanno Gorrieri[11]. Ich kannte ihn seit unserer Schulzeit, er ist einer meiner besten Freunde geworden; er war ein guter, bescheidener Mensch, doch voll Unternehmungslust. Während des Partisanenkrieges war er unser Anführer gewesen und diese Funktion hatte er auch in der von uns gegründeten Sektion der Partei «Democrazia cristiana». Ich selber habe zahlreiche andere Sektionen in der Gegend, die «Bassa Modenese» heißt und wo noch niemand etwas von dieser Partei gehört hatte, gegründet. In diesem Punkt bestand eine gewisse Ähnlichkeit zwischen mir und meinem ebenfalls politisch engagierten Vater, der einer der Gründer des Partito Popolare (Volkspartei) in Modena war. Er war ein Freund von Don Sturzo. Als die Wahlen für den Provinzrat stattfanden, wurde ich auf Anhieb gewählt. Zum fünfzigsten Jahrestag dieser Wahlen kam der Sekretär der Democrazia cristiana De Mitra persönlich nach Modena, um ums, die vor fünfzig Jahren erstmals gewählten Provinzräte, zu beglückwünschen.

Bald darauf wurde ich – ebenfalls von Dossetti – gedrängt, nationaler Vizedelegierter der Christlich-demokratischen Jugend zu werden, einer Bewegung, die damals von großer Bedeutung war. Ich begab mich nach Rom und blieb dort

---

10 Ein italienischer Politiker der Nachkriegszeit, Priester und Antifaschist.

11 Ehemaliger Partisan in der Widerstandsbewegung, Gewerkschafter und christlich sozial ausgerichtet.

einige Monate. Dort war Giulio Andreotti, der Delegierte der Partei. Ich arbeitete an seiner Seite. Da er sich aber ganz De Gasperi[12] widmete, musste ich die ganze Arbeit des Sekretariats allein verrichten, so dass ich die Jugendgruppen vernachlässigte. Als Andreotti dann zum ersten Mal in die Regierung als Untersekretär der Präsidentenamtes eintrat, trat er von seinem Posten als nationaler Delegierter zurück. Ich merkte bald, dass man mich zum nationalen Delegierten als Nachfolger von Andreotti befördern wollte. Auch sah ich ein, wenn ich mich ganz auf die Politik einlasse, komme ich niemals mehr von ihr weg. So trat auch ich von meinem Amt zurück. Und so habe ich mich befreit.

Meine Kontakte mit Don Alberione waren nie unterbrochen worden. Ich wusste, dass er der Muttergottes ein Gelöbnis abgelegt hatte: Wenn alle Mitglieder der paulinischen Familie (Società San Paolo) aus dem Krieg wohlbehalten zurückkommen, werde er ihr ein Heiligtum – ein der Madonna Königin der Apostel geweihtes Heiligtum – errichten lassen. Und er hat es getan. Er hat sogar deren drei, eines über dem anderen bauen lassen, keine Kirchen, sondern Sanktuarien. Ich wusste das und habe ihn gebeten, er möge auch mich und meine Brüder dort auf einem Votivbild erwähnen, zusammen mit allen anderen, die heil und beschützt von der Madonna aus dem Krieg zurückgekehrt sind. Wir alle haben außergewöhnliche und gefahrvolle Abenteuer erlebt und sind alle heil und gesund zurückgekehrt. Einer meiner Brüder ist praktisch zu Fuß von Karlowicz in Jugoslawien nach Hause zurückgekehrt.

Seit ich Priester geworden bin, denke ich immer wieder an den Tag meiner Priesterweihe. Es war der 24. Januar 1954.

---

12 Andreotti und De Gasperi waren die berühmten führenden Gestalten der Democrazia cristiana (DC).

Die Priesterweihe war verschoben worden, da Don Alberione wünschte, dass wir am Jahrestag des Dogmas von der Unbefleckten Empfängnis geweiht werden. Nach der Messe die vielen fotografischen Aufnahmen! Da begab sich jeder der Neupriester mit seinen Angehörigen ins Büro von Don Alberione, um ihn zu grüßen und ihm zu danken. Auch ich ging mit meiner Mutter und meinen vier Brüdern dorthin. Er fragte mich sogleich: «Wie ging es euch während des Krieges?» Er erinnerte sich sehr gut an sein Versprechen, das er mir damals gegeben hat, dass er mich und auch meine Brüder unter den Schutz der Königin der Apostel stellen werde.

Seitdem habe ich die Bestätigung erhalten, dass es Jesus gewesen ist, der Don Alberione sagte, dass ich in die Società di San Paolo eintreten solle. Ich habe es nie bereut.